【中国人格读库】

国家新闻出版广电总局

培育和践行社会主义核心价值观主题出版重点出版物

梅兰芳传

高占祥 主编

王在梅 著

北京时代华文书局

图书在版编目（CIP）数据

梅兰芳传 / 王在梅著 . -- 北京：北京时代华文书局 , 2015.6（2022.3 重印）
（中国人格读库）
ISBN 978-7-5699-0188-7

Ⅰ . ①梅… Ⅱ . ①王… Ⅲ . ①梅兰芳（1894 ～ 1961）－传记 Ⅳ . ① K825.78

中国版本图书馆 CIP 数据核字（2015）第 136724 号

梅 兰 芳 传
Mei Lanfang Zhuan

主　　编 | 高占祥
著　　者 | 王在梅

出 版 人 | 陈　涛
责任编辑 | 邢　楠
装帧设计 | 程　慧　段文辉
责任印制 | 訾　敬

出版发行 | 北京时代华文书局 http://www.bjsdsj.com.cn
　　　　　 北京市东城区安定门外大街 138 号皇城国际大厦 A 座 8 楼
　　　　　 邮编：100011　电话：010 - 64267955　64267677
印　　刷 | 三河市嵩川印刷有限公司　0316 - 3650395
　　　　　（如发现印装质量问题，请与印刷厂联系调换）
开　　本 | 787mm×1092mm　1/16　印　张 | 13.5　字　数 | 128 千字
版　　次 | 2016 年 1 月第 1 版　印　次 | 2022 年 3 月第 3 次印刷
书　　号 | ISBN 978-7-5699-0188-7
定　　价 | 42.00 元

社会主义核心价值观与中国人格

周殿富

社会主义制度在中国已经建立了六十余年，而我们党则在本世纪初叶提出了培育弘扬社会主义核心价值观的重大课题，显然是其来有自。

社会主义的道德风尚在新中国蔚然兴起，曾经那样地风靡于二十世纪中叶。邓小平同志曾经在改革开放中讲过，当年"这种风气不仅是中国历史上从来没有过的，而且受到了世界人民的赞誉"。然而可惜的是，这个在社会主义制度建立与实践中，同步兴起的社会主义道德风尚的成长道路，却是一波四折。半个多世纪以来，它先是与共和国一道遭受了十年"文革"的浩劫；接着便是全党工作重心转移到改革开放进程中，欧风美雨"里出外进"的浸洗濡染；再接着是西方"和平演变"在东欧得手的强烈震荡与冲击；最后又是市场经济中那两只"看不见的手"在搅动着、嬗变着人们的价值取向。至少在国民中出现了价值观上的多层次化，传统美德的弱化，社会道德文明水准的退化，光荣革命传统的淡化，这也许正是中央在本世纪初提出社会主义核心价值观的原因吧。

不管怎么"变"，怎么"化"，当我们回首来时路，却不能不说，中华民族真的很强大，很值得骄傲。人类经历了几千年的文明进程，堪称世界文化之源的"五大文明古国"，其他四大古国文明都已被历史淘汰灭亡，只有中国成了唯一的延续存在。近现代即使那般的积贫积弱，被西方列强豆剖瓜分、弱肉强食，想亡我中华都不可能，就连最强大的美帝国主义，最凶残的日本军国主义都成为我们的手下败将，而且打出了一个新中国，且跨过整整一个历史阶段，直接进入了社会主义。西方敌对势力几十年不遗余力地对新中国百般围剿，"冷战""热战""和平演变"手段用尽，连如此强大的前苏联乃至整个苏东阵营都被瓦解了，而社会主义的旗帜仍旧在960万平方公里的土地上高高飘扬，而且昂首挺胸地屹立在世界的东方，中国真的是太强大了。几十年来的瞩目成就，竟然令西方发出了"中国威胁论"。你管他别有用心也好，言过其实也好，总比让别人说我们是"瓷器"，是"东亚病夫"好吧？1840~1949年的一百零九年间，中国尽受别人的欺负、"威胁"了，我们也能让那些昔日列强有点"威胁感"，又有什么不好？更何况这是他们自己说的啊！我们并没吹嘘，也没有去做。几千年来我们侵略过谁呢？"反战""非攻""兼相爱，交相利"，中国古有墨子，近有周恩来、邓小平同志。这也是中华民族固有传统美德的延续吧！

生于忧患，死于安乐，这也当是中华民族的一个传统美德吧？几十年来尽管中国如此繁荣兴旺，但从邓小平生前一直到党的"十八大"以来，无论哪一届中央领导集体，从来都没有忘记过国之忧患。忧在何处，患在何处呢？

二十世纪八十年代末，邓小平同志曾经在半年的时间内四次提到：中国改革开放十年最大的失误在教育，在"对青年的政治思想教育抓得不够""对人民的教育不够"，足见他的痛心疾首。他晚年时又提到了"国格"与"人格"的问题，讲道："谈到人格，但不要忘记还有一个国格。特别是像我们这样第三世界的发展中国家，没有民族自尊心，不珍惜自己民族的独立，国家是立不起来的。"

（精装版《邓小平文选》第3卷331页。）

人们很少注意到邓小平的这一段话，但邓小平恰恰是在这里把"国格""人格"提升到了事关"立国"的高度。

那么，什么是我们社会主义的"国格"呢？邓小平讲得很明白："民族自尊心""民族的独立"。

新中国一路走来，我们最大的尊严便是完全靠"自力"，靠"艰苦奋斗"，而达"更生"之境。对西方敌对势力的"冷战""热战""和平演变"，我们何曾有过屈服？也正是在这一前提下，我们才有真正的"民族独立"。这就是我们的国格。那么什么是我们中国人的人格呢？邓小平同志在这里没有讲，但他在1978年4月22日召开的全国教育工作会议上的讲话中，在讲到我们的教育培养目标时，至少提到与社会主义人格相关的各个方面：革命的理想，共产主义的品德，勤奋学习，严守纪律，艰苦奋斗，努力上进，爱祖国，爱人民，爱劳动，爱科学，爱护公共财产，助人为乐，英勇对敌，集体主义精神，专心致志地为人民工作，等等。这里的哪一条不属于社会主义人格的范畴呢？

2006年党的十六届三中全会，第一次提出了"建设社会主义核心价值体系"的历史性命题和战略任务。2007

年，胡锦涛同志在"6·25"讲话中又具体提出这个"体系"包括四个方面的内容：①马克思主义的指导思想；②中国特色社会主义共同理想；③以爱国主义为核心的民族精神和以改革创新为核心的时代精神；④社会主义荣辱观。这四个方面，一是信仰，二是理想，三是精神，四是道德文明，哪一个不在社会主义人格的范畴之内呢？党的十七届六中全会又提到了社会主义核心价值体系是"兴国之魂"。

2012年11月，在党的"十八大"上又用"三个倡导"把社会主义核心价值观概括为十二项：①倡导富强、民主、文明、和谐；②倡导自由、平等、公正、法制；③倡导爱国、敬业、诚信、友善。而且中办文件又把这"三个倡导"分为三个层面：第一个"倡导"的四项，是国家层面的价值目标；第二个"倡导"的四项，是社会层面的价值取向；第三个"倡导"的四项，是公民个人层面的价值准则。实际上前两个"倡导"的八项都是属于"国格"范畴，而第三个"倡导"是属于"人格"范畴。

那么，我们怎样才能在前面讲到的那些历史嬗变中培育建构起这个"核心价值观"呢？中共中央政治局的第十三次集体学习，似乎很明确地回答了这个问题。

新华社北京2014年2月25日电讯称：中央政治局在2月24日，以弘扬社会主义核心价值观，弘扬中华传统美德为内容，进行了集体学习，习近平总书记在主持学习时强调：

培育和弘扬社会主义核心价值观必须立足中华优秀传统文化。牢固的核心价值观，都有其固有的根本。抛弃传统、丢掉根本，就等于割断了自己的精神命脉。博大精深的中国优秀传统文化是我们在世界文化激荡中落稳脚跟的根基。中华文化源远流长，积淀着中华民族最深层的精神追求，代表着中华民族独特的精神标识，为中华民族生生不息、发展壮大提供了丰厚滋养。中华传统美德是中华文化精髓，蕴含着丰富的思想道德资源。不忘本来才能开辟未来，善于继承才能更好创新。对历史文化特别是先人传承下来的价值理念和道德规范，要坚持古为今用、推陈出新，有鉴别地加以对待，有扬弃地予以继承，努力用中华民族创造的一切精神财富来以文化人，以文育人。

习近平总书记的这段论述相当精辟，对于如何培育建构社会主义核心价值观问题从四个方面剀切明白。

第一，他明确指出要在中华优秀传统文化的基础上，来构造我们的社会主义核心价值观，而不能割断历史。这一条十分重要，否则我们便会失去我们的本来面目，便会成为无源之水，也就无法走向未来。

第二，指出了中华传统美德是中华文化精髓，蕴含着丰富的思想道德资源。这就为我们揭示了社会主义核心价值观，要以弘扬优秀的中华传统美德为基础。

第三，他指出，对传统文化在扬弃中继承，在继承中创新。这就是说，社会主义核心价值观的内涵，既要有优良传统的文化精神，也要有时代精神，是二者的有机结合。

第四，他指出要用中华民族创造的一切精神财富，来化人育人。这就是说，弘扬中华民族文化，并不只是传承儒学那些道统，而是要弘扬全民族共创的优秀传统文化。同时也就是说，培育、弘扬社会主义核心价值观的根本目的是化民、育人。

尤其值得瞩目的是，习近平总书记在这次讲话中提到了一个"中华民族独特的精神标识"问题，而在同年的全国组织部长会议上又提出我们再也不能以GDP论英雄的思想。让人欣慰的是，思想道德文化建设终于被提升到一个民族的标识地位，这至少表明中国人的思想观念，并不落伍于世界潮流。

　　并不受人欢迎的亨廷顿生前给他的祖国提出的警示忠告，竟是如何弘扬他们没有多少历史和文化的"传统文化"："盎格鲁新教精神——美国梦"，以此为国家的"文化核心"问题。他讲道："在一个世界各国人民都以文化来界定自己的时代，一个没有文化核心而仅仅以政治信条来界定自己的社会，哪有立足之地？"所以，他提醒他无限忠于的祖国，一定要巩固发扬他们自入居北美以来，在新教精神基础上形成的"美国梦"理念的"文化核心"地位，这样才能消解这个国家的民族与文化双重多元化的危机。为此，他甚至预言美国弄不好会在本世纪中叶发生分裂。而且他公开预言不列颠大英帝国也会因民族与文化多元化的问题，导致在本世纪上半期发生分裂。

　　西方的一些专家学者们也十分强调国家民族文化的地位问题，柏克说："全世界的人根据文化上的界限来区分自己。"丹尼尔同样说："保守地说，真理的中心在于，对一个社会的成功起决定作用的是文化，而不是政治。开明地说，真理的中心在于，政治可以改变文化，使文化免于沉沦。"这些语言也可能有它们的局限性与某种非唯物性，但至少可以让我们看到那些发达的资本主义国家在想什么，至少与马克思主义经典作家们，关于意识形态并不总是消极被动地接受它的经济基础的论断并不相悖。

中国显然具有世界上最悠久的民族文化，同时显然也拥有世界上最强大的政治优势。新中国包括它直接进入社会主义的经济形态，以及其后的一次次经济变革，哪一次不是靠政治力量在强力推动呢？它当然同样拥有让我们几千年的民族文化"免于沉沦"的能力。有学人认为我们的民族文化早就被以往一次次的历史性灾难割裂了，这个看法显然都是毫无道理的。但我们当下却确实面临着"两个传统"失传失统的危险。中国的传统文化与优秀的民族美德，在当代国民中还有多少传承？老一代中国共产党人用生命与鲜血铸就的光荣革命传统，在党内还有多少"光大"？我们现在全民族的"核心文化"到底在何处？"社会主义核心价值观"的提出不仅符合世界潮流，也是使我们优秀的民族文化得以传承而不发生历史断裂的根本保证。富和强永远都不是一个民族的标志，哪个国家不可以富，不可以强？但能代表中国"这一个"本来面目，具有自己民族特色的，唯有中华民族的文化，能代表中国人形象的只有中国独具的道德人格。什么是人格？人格就是原始戏剧中不同角色的本来面目。

综上所述，我们是不是可以这样认为，社会主义核心价值观应内含如下的成分：中华民族传统文化中的优秀传统美德；中国人民近现代反帝反侵略反封建的爱国主义、斗争精神与中国共产党领导下形成的几十年光荣革命传统；中国化了的马克思主义有中国特色社会主义的共同理想；与"中国梦"远大目标相适应的时代精神。由这些内涵构成的社会主义核心价值观，用它来干什么呢？用习近平总书记的话来说就是"化人""育人"，把它再具体化一下，无非是打造能体现中华民族特色，代表中国形象的国格、人格。在思想道德层面上，一个国家的民族精神也只有在人的身上才能体现，所以我们依据社会主义核心价值观的基本要求，针对当代青少年的实际情况，策划了《中国人格读库》这样一套大型系列选题。

本套书承蒙全国少工委、中华文化促进会、团中央中国青年网三家共同主办推广，并积极提供书稿。难得高占祥老前辈热情出任该套书的编委主任，且高占祥同志不辞屈就加盟主创作者队伍。一些大学、中学教师与青年作者也积极加盟此套书的编写。该选题被国家新闻广电出版总局列为2014年全国社会主义核心价值观重点选题，在此一并鸣谢。

希望本套书的出版能为社会主义核心价值观的培育与弘扬，为促进青少年的道德人格养成起到积极的作用。欢迎广大读者与作家对不足之处批评教正，多提宝贵建议与指导意见。

谨以此代出版前言并序。

二〇一四年十月

于北京时代华文书局

引言

八载留须罢歌舞，坚贞几辈出伶官。

轻裘典去休相虑，傲骨从来耐岁寒。

　　这首诗的作者是著名剧作家田汉，写的是中国近代杰出的戏剧表演艺术家梅兰芳。这首诗写出了梅兰芳坚贞不屈的高尚人格，写出了梅兰芳对祖国最深厚的感情。

　　梅兰芳是中国近代著名的表演艺术大师、京剧表演艺术家，他上承京剧前辈谭鑫培、王瑶卿，以无比的艺术勇气探索新的艺术道路，汲取中国传统文化和西方现代艺术的营养，让京剧这一国粹不断发展、壮大，适应观众不断提高的审美要求。就像《红楼梦》代表了中国传统文化的精髓一样，梅兰芳也代表东方表演艺术的精髓。

　　俄国文艺评论家别林斯基说过："美和道德是亲姐妹。"我们的周恩来总理也说过："文艺修养和一个人的思想感情、道德品质是很有关系的。"梅兰芳的艺术值得反复欣赏，他的人格精神更值得学习和继承。如果没有抗日战争中蓄须明志、卖画为生，坚决不向日酋妥协的梅兰芳，如果没有去朝鲜慰问志愿军的梅兰芳，那舞台上的梅兰芳总会让人感觉缺少一点什么。

梅兰芳出身旧伶人家庭，戏曲演员在1949年以前，属于"被侮辱与被损害的"一群人，他们对社会的不公平、不公正有着最敏锐的感觉。梅兰芳在这样环境中长大，不断在艺术道路上艰辛地跋涉，不仅提高了自己的艺术水平，同时也养成了格外自尊、自爱的人格。

近代的中国苦难深重，梅兰芳目睹了中华民族深重的民族危机，多次出国访问，更增强了他作为一个中国人的民族感情。梅兰芳的爱国主义精神深深扎根于对人民的深厚感情，是有根之木，有源之水。在民族大义面前，梅兰芳是宁折不弯的，为了坚守气节，不为日本侵略者演出，他不惜损伤自己的身体，冒着生命危险注射防疫针。梅兰芳的保健医生吴中士大夫后来回忆道："我真不忍心给梅先生打这种预防针，可他却说，'我已决心不为他们演戏，即使死了也无怨言，死得其所。'我听完此话，不禁泪水夺眶而出，我只有下狠心给他接连打了三针。他高烧到42度，神志不清。他真是一位名副其实的英雄，我真佩服至极！"

自古以来，中华民族屹立不倒，爱国主义的伟大人格力量发挥了绝不可低估的作用，梅兰芳的身上，具体体现了这种人格力量，过去、今天、以后，这种力量都是应当珍惜，应当好好继承的。

目录

青年时期的梅兰芳

一、苦难中生长的梨园子弟

  中国是一个拥有悠久历史的国家，在漫长的岁月中创造了辉煌的文明，不仅有"四大发明"，还曾开辟了"丝绸之路"这样伟大的古代贸易文化通道；不仅涌现出孔子、老子、荀子等众多的思想家，还产生了李白、曹雪芹这样的大文豪。但当历史进入 19 世纪，中国遇到了"三千年未有之变局"，遇到了从海上来的西方侵略者，原有的文明体系受到了前所未有的冲击，产生了前所未有的深刻动荡，而动荡的种子在之前的时代已经种下了。当清朝的统治者迷醉于康乾盛世的繁荣，当时的世界已经发生了变化。欧洲经历了宗教改革、文艺复兴和启蒙运动，在思想上逐渐摆脱了封建主义的束缚，转而追求人的权利与自由；在政治上，通过英国资产阶级革命和法国大革命在内的一系列革命，确立了资产阶级的统治；西欧的几个强国如荷兰、西班牙、葡萄牙、英国、法国先后走上了殖民扩张的道路，用火炮打开了世界其他地区的大门，进行了血腥残酷的资本积累，逐渐将整个世界纳入到一个统一的世界体系之内。

1840 年，英国借口中国政府对鸦片贸易的取缔，发动了第一次鸦片战争，用武力强迫清政府妥协，随后签订了中国近代史上第一个不平等条约《南京条约》。从此，中国进入了一个多灾多难的时期，英法美日俄等列强纷纷将魔爪伸向了中国，在他们眼中，中国就是一块任人宰割的肥肉，唯恐落后让别人占了便宜。第二次鸦片战争、中法战争、中日甲午战争等大大小小的侵略行动，逐渐将中国拖入半封建半殖民地的深渊。外国侵略者通过战争直接进行抢劫，获得巨额的战争赔款，同时从中国割让土地。以中日甲午战争后签订的《马关条约》为例，条约规定中国向日本赔偿白银两亿两，相当于日本数年的财政收入，同时还强行割让了台湾给日本。这些还只是列强给中国带来的直接伤害，与此同时，列强强迫中国开放港口通商，作为第一个不平等条约的《南京条约》，就规定将广州、福州、厦门、宁波、上海作为通商口岸，史称"五口通商"。之后的数十年，列强在中国的通商口岸越来越多，并借此在中国形成治外法权，各地的租界成为"国中之国"，中国的主权受到了严重的侵害。通过倾销的方式，以英国为代表的资本主义国家在中国攫取了大量的财富，代价是中国大量小手工业者和农民的破产。当时的中国人民经受着封建统治和外国资本主义的双重压迫，生存受到了极大的威胁。

中国人民是有光荣反抗传统的，他们面对压迫和剥削，奋起反抗，展开了一次又一次的斗争。虽然因为时代的局限和自身的缺点，这些斗争最终的结果都失败了，但是这种热爱国家和民族，争取生存和自由的精神，却深深植根于每一个普通中国人的心中，成为中华民族最宝贵的财富，成为一代代中华民族的儿女奋起斗争的精神力量源泉，在一个个中国人的身上闪烁着光辉。

虽然有无数仁人志士前赴后继地奋斗，但是当时中国的国势还是日渐衰落。清政府在经历一次次失败之后，也想要挽救自己的统治。以地主阶级开明派为代表，展开了洋务运动，企图通过学习西方的先进军事和工业技术，对内镇压人民群众的反抗，对外抵抗列强的侵略。曾国藩、李鸿章、张之洞、左宗棠等洋务派官员们以"师夷长技以制夷"为基础，在全国展开了兴建工厂、煤矿，修建铁路，架设电报等一系列近代工业化运动。他们还提出了"师夷之长技以自强"和"师夷之长技以求富"等口号。洋务运动是中国近现代史上第一次大规模的全国工业运动，给古老封闭的中国带来了很多新的东西，包括：现代银行体系、现代邮政体系、新式教育、新式军队、新思想、铁路、重工业。同时洋务运动也在文化上产生了更为深远的影响，为了学习西方的先进技术，清政府向西方派出一批留学生，开始了睁眼看世界；为了解决兴办工厂中遇到的技术问题，组织翻译了大量的西方科技及社科著作文献，开阔了国人的视野。

但是，实践证明，一个封建的清政府是难以完成中国现代化的任务的，对西方的学习是被动的，是为了维护其统治的。李鸿章晚年曾经总结自己一生，他说："我办了一辈子的事，练兵也，海军也，都是纸糊的老虎，何尝能实在放手办理，不过勉强涂饰，虚有其表，不揭破尤可敷衍一时。"先天不足的洋务运动难以逃脱失败的命运，中日甲午战争中，洋务派苦心经营的北洋水师全军覆没，就代表了洋务运动的黯然收场。

在这之后，中国的民族苦难更加深重。人民群众自己组织起来反抗和侵略。在山东，一些传道士借助不平等条约，成为当地的特权阶级。山东恩县庞庄的传教士明恩溥曾经这样形容："主教们是全省的宗教统治者，身份相当于中国的巡抚，他们在自己的帽顶上缀上了一颗显示身份的顶珠。他们每次外出都要乘坐轿子，轿子的规格要与其身份相符，还有前后相拥的骑马侍从和步行随员，前面有一把体现地位尊崇的大伞为前导，每次到达与出发时都鸣放一响礼炮。"这些传教士偏袒教民，引起了一场又一场教案。中外矛盾空前尖锐。在他们身后，是外国列强的身影，这些侵略者不仅经常借机生事，还赤裸裸地炫耀武力，主张对中国采取更为强硬的措施。德国一家报纸的社论这样说："毋庸置疑，中国人民运动的爆发，几年以前宣布的对中国的'铁拳'政策是主要原因。维也纳《时代报》上，一位熟悉中国情况的人士撰文称，义和团运动发生要从德国强占胶州湾的时候算起。德国发出侵占的信号，俄、英紧随其后，

梅兰芳剧照

而这一切的自然结果，便是出现了一个民族自卫的团体。因此，中国也举起了它的铁拳，这就不足为奇了。现在我们倒要来看看这两个铁拳究竟哪一个要利害些哩。"

19世纪末的几年，中国北方不断遭受旱灾和洪灾，本来已经过不下去的民众生活更加困难。他们组织起来，以义和团的名义与官府、与洋人作斗争。义和团的组织逐渐发展壮大，影响也越来越大。清政府一开始采取"清剿"的政策，后来看到义和团蕴涵的力量，企图加以利用。1900年6月，大量头戴红巾、扛着大刀长矛的义和团进入了北京城。他们焚烧、围攻北京城中的教堂，随后又开始攻打外国使馆。英、美、法、俄、德、日等国组成联军，从大沽向北京进发，虽然义和团和清军中的爱国将领奋力抵抗，仍然未能阻止联军攻入北京。虽然如此，但义和团的爱国运动仍然给了侵略者们一个警示，也赢得了世界上有正义感人士的同情。八国联军司令德国元帅阿尔弗雷德·冯·瓦德西面对中国人民的英勇反抗，感慨地说："我们对于中国群众，不能视为已成衰弱无德行之人；实际上他们，尚含有无限蓬勃之生气，无论欧美日本各国，皆无此脑力与兵力，可以统治此天下生灵四分之一！"美国著名作家马克·吐温在纽约公共教育协会上发表了《我是一名义和团》的演讲，支持中国人民的斗争，主张中国人民有反抗侵略的正当权利，他说：为什么不让中国人摆脱那些外国人？既然我们并不准许中国人到我们这儿来，我愿郑重声明，让中国人自己去决定，哪些人可以到他们那里去，义和团是爱国者，我们祝愿他们成功。义和团主张把我们赶出他们的国家，我也是义和团，因为我也主张把他们赶出我们的国家。

到了 1900 年 8 月以后，北京城已经被英、美、法、俄、德、意、奥、日八国联军分区占领了，这些占领军开始了肆无忌惮的烧杀抢掠，北京的人民生活在看不见光明的黑暗之中。当时记载，在北京内城，屠杀的情况更严重，外国兵们看见人就开枪，经常有一家十几个人被拉出来用机枪杀死。地上经常堆满了尸体，人要经过只能从尸体上面迈过。后来成为梅兰芳好友的齐如山当时跑到西直门外去看情况，虽然那一年的年景不错，庄稼的长势也挺好，可是看过去遍地是躲避外国兵的人，有男有女，有的躲在村里面的破屋子。每个人脸上都是愁云满面，对八国联军入城感到无可奈何。有不少青年妇女连鞋都没有穿就跑出来了，很多年轻姑娘为了避祸，在自己的衣服上涂上人粪，甚至在脸上也抹上屎。十几岁的女孩子，躲在狭小破败的草屋里，人人身上都是大粪，外面是七月火热的天气。这种悲惨的景象简直就是人间地狱。外国侵略者不仅杀人，而且挨家挨户抢劫，有的赶着两辆大车，在各个胡同抢来财物装大车上，他们不光抢钱，还抢衣服、床帐、米面、木器，什么东西都抢。北京城的居民刚听说前街哪一家被抢了，就又听见后巷哪一家被搜了，不是左邻来了洋人，就是右舍来了洋人；从天亮到天黑这种事情有几十起。外国兵有的集体出动，有的单独出来，进了别人

梅兰芳西装照

家就问有没有银元和钟表，不管别人怎么回答，就开始强抢。

北京前门李铁拐斜街，属于德军强占区。这一天，一个黑面孔的德国兵在大街行走，看样子是喝醉了酒，整个人酒气熏熏的。路上的行人看见他都赶紧躲到家里去，万一被外国兵给打了甚至杀了，那是没处讲理去。德国兵虽然醉了，但还没有糊涂，他往这条街上一家人的大门口走来，他已经来过几次，知道这家里是修钟表的，有东西可以拿。"砰砰砰"，他用力地敲着门，最后干脆开始用脚踹门。过了一会儿，门开了，从里面出来一个不高的小男孩，大概七八岁的样子。男孩抬头看见是德国兵，并没有怎么害怕，大声说："怎么又来了？我认识你，你来过四趟啦！"一边说，男孩一边用手往外推那个兵，可是他哪里推得动啊。德国兵一抬手就把孩子推倒在地，直接就闯到了别人家里，嘴里还说着难懂的外国腔："不用你管，叫你家大人出来！"德国兵到家里东翻西找，把箱子都翻到地上了，里面的东西撒了一地，他搜罗一顿，扬长而去，只留下地上那个男孩子。这个小男孩就是以后名扬天下的梅兰芳，几十年后向自己的孩子说起这件事情，平时脾气很好的梅兰芳还是压抑不住心中的怒火。童年的梅兰芳目睹了自己的国家遭受侵略，自己的同胞遭受欺侮，就算他还是个孩子，也没有躲过侵略者的骚扰。在一个本该无忧无虑的年纪，他的心中已经种下反抗侵略者的种子，伴随他走过了一生。

梅兰芳，字畹华，生于1894年，正是甲午战争中国失败的那一年。梅兰芳四岁的时候父亲就病故了，从小是由伯父梅雨田抚养长大的。梅兰芳的家庭是一个梨园世家，他的祖父是著名的青衣花旦演员梅巧玲，在当时曾有"同光十三绝"的说法，来自晚清画师沈蓉圃绘制的工笔写生戏画像，上面画了十三位著名的京剧演员，其中就有梅巧玲。伯父梅雨田是当时著名的琴师，曾经与谭鑫培等多位名家合作过。八国联军占领北京之后，百业萧条，无人还敢去戏院、茶园看戏，京剧界的演员们生活十分困难，支撑不下去的只能改行讨一口饭吃，名丑萧长华改在街头卖烤白薯，名净李寿山卖过萝卜和鸡蛋糕。梅雨田没有别的本事，好在之前学过修钟表，这时候也只好以此为生，没想到还是被外国兵给盯上了，三天两头来抢东西。梅家的处境更加艰难了。梅兰芳有两个的年轻姑姑，到著名的昆曲小生陈金雀家里避难，陈金雀的女儿嫁给了梅巧玲，是梅兰芳的祖母。两个姑娘藏在天花板上，脸上涂了煤灰，白天由陈家人把饭送上去，夜深人静的时候才敢下来休息。过了一阵提心吊胆的日子，陈家也来了外国兵，东西都被抢得差不多了。梅兰芳的母亲曾经带他回娘家避难，梅兰芳的外公杨隆寿也是一位名演员，有"活武松"、"活石秀"的美称。平时家里的妇女小孩藏在放道具的房间里。这一天，有几个来家里骚扰的外国兵发现了这个房间，一定要进去。杨隆寿站在门口不让进，结果这几个人拿出了手枪比画着，意思不让进就开枪。杨隆寿硬挡着不让进，最后几个外国兵悻悻地走了。虽然躲过了一劫，但是杨隆寿受了这次惊吓，很快就一病不起，不久就撒手人寰了。母亲只好又带着年幼的梅兰芳回到了梅雨田家里。梅雨田家里一共八口人，开销实在太大，只好把原来的住宅卖掉租房子住，八个人住三间房子，还老交不上房钱，有一次梅兰芳的伯母把头上的簪子拔下变卖，才打发走了来要钱的房东。

梅兰芳就是在这种艰难的情况中成长起来的，穷人的孩子早当家，幼年失怙让梅兰芳敏感而早熟。孩子往往以自己的父母为偶像，梅兰芳的父母去世很早，祖母和姑母把梅兰芳祖父的为人行事讲给他听，这些事迹让梅兰芳受了感动，立志要学祖父梅巧玲和一切好人的样子，要长进向上，不敢胡来。梅兰芳的祖父梅巧玲是清朝光绪、同治年间的名演员，在那个时期，戏曲演员是被人看不起的。梅巧玲一生为人有行侠仗义的作风，他对同行和朋友们的帮忙，常常是牺牲自身的利益去替别人解决困难，这类事情很为人们所称道，送给了梅巧玲一个"义伶"的称号。例如1881年慈安皇太后病故，禁止一切娱乐活动，戏班子里面上百人失业，就都依靠着梅巧玲吃饭。

梅巧玲和大多数戏剧演员一样是贫困人家的孩子，七八岁的时候就因为贫困被自己的母亲卖掉，后来又被转卖到戏班里学戏，当时戏班的班主对学戏的孩子动辄打骂，年幼的梅巧玲吃了不少苦头，长大成名之后，他对自己的弟子和戏班成员十分关心照顾。虽然他自己是个名演员，但和自己的孙子梅兰芳一样，需要照顾整个剧团的生活。他接济别人的时候很注意别人的自尊心，从不以恩主自居。如果看到有演员冬天还穿着单薄的衣服，他就会帮着对方系好衣服扣子，然后说："这怎么行，会冻坏的，得做件衣服穿。"然后把一个包着钱的纸包塞到那个人衣服里面。如果看见有演员穿着露脚趾的鞋子，梅巧玲就会说："这怎么行，脚冻坏了怎么上台演戏呢？得买双鞋穿。"然后又掏出一个包钱的纸包塞给对方。

除了同行之外，梅巧玲对社会上的朋友也是能帮的就帮。当时有一位御史名叫谢梦渔，是道光时候的进士，清代著名大学者俞樾在自己的《春在堂随笔》中称赞他学问广博。他经常来看梅巧玲的演出，只要有梅巧玲的演出，他是风雨无阻的。由于和梅巧玲是同乡，又通音律，后来两个人就渐渐熟悉了，经常在一起研究字音、唱腔。谢梦渔一生两袖清风，在北京的生活很是困窘。梅巧玲知道这种情况之后，常常在经济上接济谢梦渔。谢梦渔十分感激梅巧玲的深情厚谊，可是又实在没有能力偿还，他每次收到钱，不管多少，一定要亲笔写一张收据，表示将来要把所有的钱如数奉还。梅巧玲给谢梦渔借钱借了好多年，总数达到了三千两。谢梦渔七十多岁的时候在北京去世，在扬州会馆设置灵堂吊祭。梅巧玲亲自到场，除了祭奠死者之外，还按照当时风俗，向死者家属致唁。梅巧玲见了谢梦渔的儿子，从怀里掏出一叠借据，都是谢梦渔亲笔所写，一共有三千两之多。谢梦渔的儿子误以为梅巧玲是来讨债的，赶紧说："这件事情我们也知道，可是现在实在没有办法偿还，父债子偿，我

京剧泰斗谭鑫培

是一定会如数偿还的。"梅巧玲摇了摇头，长叹了一口气说："我今天来不是来要债的，我和你是父亲多年的朋友，堪称知己，今天知己已逝，我也非常伤心。今天我来要了结一件事情。"说着，梅巧玲把手上的借据在谢梦渔灵位前的白蜡烛上点燃了，借据很快就化为了灰烬。谢家的人全都惊呆了，他们万万没想到梅巧玲会这么做，如果能宽限一些时日，就已经让他们感激不尽了。梅巧玲又问谢梦渔的儿子："这次给你父亲办丧事，钱够用吗？"看到对方欲言又止的样子，梅巧玲就明白是怎么回事了，于是他又从自己的靴筒取出了三百两的银票递了过去。梅巧玲在好友的灵前久久徘徊，最后神情黯然地离开了。当时在场的死者亲友们有的感动得流下了热泪。这件事情很快就传遍了整个北京城，人们无不对梅巧玲对朋友的义气大感敬佩。

对老朋友尽心尽力，对新交的朋友，梅巧玲同样会尽自己努力去帮助别人。有一位来北京赶考的举子，也十分喜欢看戏，后来认识了梅巧玲，虽然当时演员的社会地位低下，但这位考生没有歧视梅巧玲，反而利用自己文学修养，帮助梅巧玲修改旧剧目中不合理的地方，修改台词使之更加符合舞台演出的需要。可惜他不善于持家理财，到后来在北京的生活渐渐发生了困难，自己和一个老家人快要揭不开锅了。他在北京没有亲戚，又有书生的意气，不愿意和人开口借钱，只能把自己的衣服和值钱的东西典当了，换点钱维持生活。天长日久，他的这种境况被梅巧玲发现了。梅巧玲也不直接问他，知道这个朋友也不会说。于是有一天，趁着举子出去办事，梅巧玲到他住的旅馆里面，想要找出当票，替他把东西从当铺里赎出来。没想到那位老家人看到梅巧玲东翻西找，以为是来偷东西的，两个人争执起来。梅巧玲哭笑不得，只好让老家人和自己一起到当铺，当面将所有衣服财物赎出，然后又留下二百两银子作为日常生活的开销。举子回来得知这件事后非常感动，前去拜谢梅巧玲。梅巧玲趁机劝告他，不要沉湎于听戏，正事还是准备考试，这关系到他的前途。举子从此发奋读书，果然通过了会试，可惜不久就生病去世了。梅巧玲又为他料理了身后事，一切费用都是梅巧玲出的。

梅巧玲的这种种义举，不仅通过祖母和姑母的讲述，影响了梅兰芳，而且在梅兰芳的成长中，也能够真切地感受到自己祖父的人格精神是如何影响其他人的。这种影响最为明显地表现在梅兰芳的开蒙老师吴菱仙身上。梅巧玲弟子朱霞芬的儿子朱小芬是梅兰芳的堂姐夫，他请吴菱仙给自己的弟弟朱幼芬和表弟王蕙芳当老师，因为亲戚关系，也因为家道中落自己请不起老师，梅兰芳被家里送过来跟着吴菱仙学习。吴菱仙是"同光十三绝"之一时小福的弟子，他是梅兰芳的第一个老师，传授唱念做打等京剧的基本功，为梅兰芳以后的发展奠定了最初的基础。此前梅兰芳曾经跟著名小生朱素云的哥哥朱小霞学过几天戏，可是梅兰芳的笨拙生生把这位老师给气走了。朱小霞教育学生的方式是传统的，几句最简单的戏词，梅兰芳就是学不会，气得老师说："祖师爷没给你这碗饭吃。"从此不再来教梅兰芳。多年后朱小霞还记得这段插曲，见到梅兰芳的时候很不好意思，说："我那时真是有眼不识泰山！"梅兰芳说快不能这样说，自己受朱小霞的帮助太大，要不是挨了师傅一顿骂，还不知道发奋努力，也就没有自己的今天。

此次正式拜师，梅兰芳心里也有些打鼓，害怕又学不好。当时的吴菱仙已经五十多岁了，每天早上五点就起来带着梅兰芳去北京旧城墙墙根无人的地方喊嗓子，午饭后再吊嗓子、学唱腔、念剧本，一天除了吃饭睡觉都在学习。吴菱仙坐在椅子上，梅兰芳站在桌子旁边唱，先生手里有一块木制的戒尺，却从来没有打过学生。吴菱仙认为给学生打下坚实的基本功是最重要的，有了坚实的基本功，将来才能有长远的发展。他在桌子上摆上一摞白铜大制钱，上面刻着"康熙通宝"四个字。今天要学哪一段唱腔，规定学生要唱二十或者三十遍，唱一遍拿一个制钱放到旁边一只漆盘里，十个制钱全放完，再拿出来重头摆，遍数说多少是多少，一丝不苟。有的时候梅兰芳唱到六七遍，已经学会了，先生还是让他继续唱。有时梅兰芳唱累了，嘴还没停，可是眼皮已经开始打架，这时吴菱仙会轻轻推他一下，要是换了别的老师，戒尺早已经落在学生的头上了。

虽然从来不打人，但是吴菱仙对梅兰芳的要求特别认真严格，他要教三个学生，而他大部分的精力都用来教导梅兰芳。当时梅兰芳学戏的条件并不是很好。首先从先天条件来说，他的外形条件并不出众，两只眼睛眼皮下垂，外人看起来他眼睛无神，面部表情就显得呆滞。而且因为家庭条件一天不如一天，梅兰芳得不到多少家庭的温暖，有一段时间家里几乎没什么人管他，所以他性格也有些孤僻，不爱和人说话。"言不出众，貌不惊人"形容当时的梅兰芳是不错的。那时候，学生有没有出息和老师的关系极大，一个好的学生结业演戏之后，也会给老师带来一定的经济利益，如果学生没有值得培养的前途，那老师再费心费力栽培，也是徒劳无功。吴菱仙没有嫌弃梅兰芳的条件差，全力以赴地培养他。梅兰芳后来才知道，这与自己的祖父梅巧玲以往对吴菱仙的帮助有关系。

梅巧玲领导四喜班多年，吴菱仙也在四喜班唱过好多年的戏。他感慨地对梅兰芳说："你的祖父对四喜班里的人太好了，总是看人家有什么困难，及时帮助别人。我有一次家里遇到了事，急需一笔钱。不知你祖父怎么知道的，有一天散戏之后，他远远地扔过来一个小纸团，对我说'菱仙，给你个槟榔吃！'我打开一看，原来是一张银票，就是这张银票，为我解了急。所以我尽心教你，一定要把你培养出来，也是为了报答你仗义疏财、忠厚待人的祖父。"除了老师吴菱仙，戏界前辈萧长华也曾以梅巧玲为榜样鼓励过梅兰芳。有一年梅兰芳率领剧团在上海中国大戏院演出，演出完了之后，本来应当由戏院出钱将演员们送回北京，可是戏院之前亏损严重，实在是没有钱了。当时梅兰芳因为肠胃炎住院，萧长华看望他的时候对他说："我有一件事，不能不说，希望你听我的话。戏是唱完了，北京来的团员归心似箭，一个个赶着要回去过年。馆子方面已经没有力量送大家回去了。这本来不用你管的，我主张你拿出钱来送他们回去。你祖父当年管领四喜班的时代，照顾同业的许多事实，至今大家谈起来，还是人人敬仰他，都是你们梅家的人厚道。你要学你祖父的好榜样，继承他的遗志。"梅兰芳听了之后十分感激老前辈的提醒，立刻说自己出钱送团员回家。这件事情足见不管是梅兰芳自己还是他的业界前辈，都是以梅巧玲为榜样，希望梅兰芳能做到德艺双馨，梅兰芳也确实做到了。

有了老师的悉心培养，梅兰芳通过刻苦的学习，克服了自己的不足。梅兰芳幼年练功的时候，经常拿一块砖放在一张长凳上，自己踩着跷站在砖上，至少要站一炷香的时间。一开始的时候，他经常感到双腿疼痛，脚上起泡，不多会儿就支持不住了。后来练习多了，才渐渐练出了腰腿的力量，直到六十多岁，还能在舞台上表演《贵妃醉酒》这样吃功夫的戏，与小时候这种勤学苦练是分不开。梅兰芳的眼睛不够亮，很多亲戚朋友都为此替他担心，因为眼睛是心灵的窗户，凡是好的演员，必然有一双能传神的好眼睛。观众评价哪位演员能做戏，哪位演员的表情好，很大程度上都是在说演员的眼睛。为了锻炼自己的眼睛有神，不再迎风流泪，梅兰芳特意养了鸽子，一养就是十年，每次外出演出回来，一定要去看看他的这些"小朋友"们。梅兰芳从几对鸽子养起，最多的时候养了一百五十多对鸽子，里面还有外国的品种。他每天早上都要早起放鸽子，像训练军队的士兵一样，梅兰芳手一挥，鸽子就整齐地站到了房顶上。鸽子飞得高，梅兰芳在下面尽力辨别鸽子的形状，眼睛随着鸽子越望越远，好像要跟着鸽子到天尽头，这样坚持练下来，才成就了一双炯炯有神的眼睛。他与鸽子的情谊是这样深，以至于朋友也都知道。有一次，老朋友冯耿光兴冲冲地给他送来一件古董，说是送给梅兰芳再合适不过了。那件古董是一个方形的镜框，里面的黑色底子上画着两只白色的鸽子，用的是西方的绘画方式，十分精细。鸽子的眼睛和爪子都是红色的，站在淡青色的云石上，栩栩如生。冯耿光说这是乾隆时期西洋画家郎世宁的手笔，梅兰芳一见就很喜欢，一开始还以为是画在纸上，后来才知道是直接画在玻璃上，尤为难得。这也成了他练眼睛艰难过程的一个纪念，几十年来一直跟随着梅兰芳从北到南，又从南到北，一直挂在他家的墙上。

梅兰芳自登上舞台以来，不断改革进取，在艺术上精益求精，吸取昆曲、话剧等多种艺术的营养，创造性地发展了京剧艺术，受到最广大观众的欢迎，被誉为"四大名旦"之首，最终成为一代"伶界大王"。与此同时，他的人格精神也不断发展完善，自尊自强和爱国主义共同形成了梅兰芳的人格内涵。梅兰芳出生、成长的年代，是中国动荡不安，饱受屈辱的年代，他出生那一年，腐朽的清王朝输掉了甲午战争；年幼的他，曾目睹了八国联军对中国人民犯下的暴行，亲身体验到亲人所受的折磨，在幼小的心灵中埋下了爱国主义的种子；他成长的年代，中华民族的民族危机空前严重，爱国主义的种子逐渐成长起来。同时，梨园世家的传统，祖父对同行、对朋友的情谊，以一种朴素的形式传承给了梅兰芳，培养了他有担当的责任感。从学戏到演戏，吴菱仙、谭鑫培、王瑶卿、杨小楼等前辈给予的照顾和支持，让他体会到做人的道理。随着他名气日大、眼界渐广，他从一个演员变成带领一个剧团的团长，从一个艺术家变成一个具有广泛社会影响力的人物，他心里那颗爱国主义的种子也在发芽、生长。梅兰芳是最不爱和人争执的人，可是涉及到民族大义的时候，他却可以用生命去抗争；梅兰芳是视艺术如生命的人，他从艺四十余年，无时无刻不在想改进自己的艺术，可是他更爱自己的祖国，他愿意用自己的艺术为民族的解放发出声音，当日本侵略者磨刀霍霍，他编排了《木兰从军》《生死恨》《抗金兵》，号召人民起来反抗，为了祖国，他不惜牺牲自己的艺术生涯。就像梅兰芳精湛的艺术是来自海绵吸水般的学习和刻苦不断的练习一样，这种高尚的人格和伟大的精神不是从天上掉下来的，而是在家庭、社会的环境中逐步孕育而成的。在梅兰芳爱国的一生中，他访美、访欧、访日，为中国文化在世界有一新形象而奋斗，蓄须明志反抗日寇，新中国成立之后为广大工农服务，为志愿军演出，都体现了他的爱国主义精神。

梅兰芳

二、远渡重洋传播中国文化

1930 年 2 月 26 日晚上，美国纽约百老汇一片灯火通明，这里每天都是如此热闹，似乎席卷全球的经济危机也没有阻挡住纽约人看戏的热情。可是今天这里的氛围不同，上演的不再是美国风味的歌舞剧，而是多了很多来自东方的异域风情。纽约四十九街戏院的门前，你可以看到中国传统的红色宫灯，上面笼着轻纱。舞台也整个重新装饰了一遍：最外面一层幕布没有什么变化，第二层则换成了中国式的红色绸幕；两根高大的柱子被竖立起来，上面盘着中国的金龙。天花板做成了垂檐的形式，传统的宫灯照耀着传统的中国戏台了。乐队被安排在舞台两边的隔扇后面，能清楚地配合舞台上演员的动作。来回穿梭的工作人员同样穿着中国的传统服饰，这一切都在提醒观众：你将要看到的是一场东方艺术的杰出演出。

观众就座之后，大幕徐徐拉开，一位身穿西服的中国男子走出来向观众致意。他就是张彭春，是一位著名的教育家和戏剧导演，他的哥哥，就是开创南开大学的著名教育家张伯苓。张彭春是这次演出的艺术顾问。张彭春出生在书香门第，从小接受中国传统教育，也十分喜爱京剧艺术。他1910年去美国留学，他的老师就是胡适的老师约翰·杜威，在美国取得哥伦比亚大学哲学博士学位之后，张彭春又转向研究西方戏剧，莎士比亚、易卜生取代了他以前研究的实用主义哲学。在读书的时候，张彭春就经常从哥伦比亚大学校园溜出来，走到不远的百老汇看戏，归国之后，他加入南开的剧团，执导过新式话剧。因为这是京剧这门东方的古老艺术第一次在美洲大陆登堂入室，演出与观看演出的文化隔阂是少不了的，所以由获得过哥伦比亚大学教育学博士学位的张彭春用熟练的英文向观众解释，京剧的特点与风格，每一个特定动作都代表什么意义。再加上英文的剧情说明，相信这些从来不知道锣鼓点为何物的高鼻梁蓝眼睛的观众们，也能够试着欣赏这东方的古老艺术了。

　　一切准备就绪之后，剧场的灯光渐渐暗了下去，乐队同时奏响了东方的乐器，一阵吹拉弹唱之后，随着大幕揭开，里面并没有一个演员，呈现在观众面前的是一幅精美的中国布幕，上面用传统的刺绣工艺绣出了精美的图案。这时候，从舞台边上走出一位东方的美人，身穿蓝色长裙，在台上轻轻地走了一个圈子。观众们都屏息凝神，看台上人在灯光下舞动，随着乐声，一边舞一边唱。台下人不知道这是《汾河湾》，只知道这是一个妻子与丈夫离别十八年的故事。他们听不懂台上人唱的歌词，可那婉转的声调依然让他们渐渐沉浸其中。突然音乐声戛然而止，他们才发现台上人已经回到了幕后，灯光已经亮起。观众们开始疯狂地鼓掌，向这一位东方的艺术家表示自己的敬意。他不是别人，正是梅兰芳。

　　1919年和1924年两次访问日本演出的成功，促使梅兰芳产生了将京剧艺术推广到世界更多地方的想法，最合适的地方就是美国。梅兰芳最初游美的动机，来自美国公使芮恩施，当时是在民国总统徐世昌与芮恩施的宴会上，芮恩施发表了一番讲话。他说促进中美两个国家人民友好最好的办法就是让梅兰芳先生去美国表演一次，美国人民看到梅兰芳先生的艺术，必定会增加对中国的认识和感情。当时参加宴会的都是高官显贵，一开始还以为芮恩施公使是在开玩笑，当时梅兰芳虽然大名远扬，但是京剧演员的地位还是十分低下的，还没有人将两个国家的外交活动和唱戏联系在一起。看着周围众人不解的表情，芮恩施公使又说："我不是在开玩笑，各位，我自己认为，沟通两个国家友谊的最好手段就是艺术。用艺术作为交流的工具是最便捷的。以前也不是没有这种例子，以前美国和意大利的关系不是很好，自从一位意大利的艺术家来美国演出之后，在美国人民中的反响很好，两个国家的人民由此变得亲近起来了。所以我才说，艺术是两个国家联络感情最好的工具。美国和中国，本来有着千丝万缕的联系，再加上艺术的帮助，美中友谊一定能够更上一层楼。"芮恩施公使的话虽然说得情真意切，但是当场衮衮诸公未必听得进去，只当作天方夜谭。但是有一个人听进去了，那就是叶恭绰。叶恭绰是著名的书画家、收藏家、政治活动家，著述颇丰，曾经当过北洋政府的交通总长。他和齐如山是朋友，宴会结束之后，他越想越觉得应该把这件事情告诉齐如山，于是特意去了一趟。齐如山一听就很兴奋，觉得芮恩施公使的话说得很好，和梅兰芳说起了这件事情。梅兰芳也觉得如果能将京剧传播到美国去，不仅能够提高京剧的地位，同时也能在国际上展现中国文化真正的风采，改变以往外国人对中国人偏见和歧视。齐如山更是说："畹华，如果你能去，对你自己，对中国的戏曲艺术，对中美国家的人民，都是有好处的。"

说起来，美国公使芮恩施还真是促进梅兰芳访问的一位功臣。从清朝末年直到民国，虽然京剧在谭鑫培、杨小楼、梅兰芳几位领军人物的推动下蒸蒸日上，但是在北京的外国人很少看京剧。这一方面是文化隔阂，欣赏京剧需要对中国的历史文化有较为深入的了解；另一方面，当时北京京剧演出的剧院还比较简陋，去惯了欧美歌剧院的外国人并不适应市井气浓郁的北京戏园子。1915 年，梅兰芳改造演出了新戏《嫦娥奔月》，从舞美、演唱上都有了创新，在北京城引起了轰动，美国公使芮恩施在一次偶然的机会，看到了这出戏，大为赞叹。为此他还专门去拜访了梅兰芳，他所具有的影响力让这一次普通的拜访成为了外国人看京剧的一个转折点。渐渐地，更多的外国人愿意欣赏京剧这一艺术形式。梅兰芳还为在京的美国教员演出了《嫦娥奔月》。梅兰芳后来的几出新戏《天女散花》《霸王别姬》等等，也受到在京外国人的广泛欢迎。法国安南总督、美国驻菲律宾总督来到北京之后，也一定会去看梅兰芳的戏。从此之后，梅兰芳在他的家里多次接待了世界各地的客人，对中国以外的世界有了相当的了解。瑞典皇储、印度大文豪泰戈尔、英国公使等人，都曾经是梅兰芳的座上客。这种活动是梅兰芳参与中外文化交流的重要窗口。从他和印度诗人泰戈尔的交往过程可以看出，梅兰芳对这种交流怀着真诚美好的愿望。

早在 1915 年，泰戈尔的作品就被介绍到中国来。1924 年，蔡元培、梁启超和胡适邀请泰戈尔访华，著名诗人徐志摩担任翻译，他在给泰戈尔的信中写道："在你逗留中国期间充任你的旅伴和翻译，我认为这是一个莫大的殊荣。虽然自知力薄能渺，但我却因有幸获此良机，得以随侍世上一位伟大无比的人物而难禁内心的欢欣雀跃。""要为一个伟大诗人做翻译，这是何等的僭妄！这件事要是能做得好，人也可以试把尼亚格拉大瀑布的澎湃激越或夜莺的热情歌唱翻译为文字了？还有比这更艰困的工作或更不切实际的企图么？"1924 年 4 月，泰戈尔到达上海，随即北上，在济南发表了讲话，当时担任翻译的作家王统照。他介绍说："泰戈尔先生的演讲，与一般的政治家、教育家、演说家不同，好似一种美丽的歌唱，又如一种悠扬的音乐，请诸君安静倾听，才知道其中妙处。"

泰戈尔

泰戈尔用洪亮的声音热情地说：

我爱你们的热烈欢迎，大家所以欢迎我，大概因为我可以代表印度人……

今天我用的语言，既非印度语，又不是汉语，而是英语，这言语上的隔阂，最为痛心。而各位不避风沙很热心地来听我说话，由此可证，我们之间有一种不自觉的了解，好比天上的月亮，它照在水上、地上、树上，虽然没有说一个字，而水、地、树与月亮有相互的自然了解和同情。

我在杭州，有朋友送我一个印章，上刻有"泰戈尔"三个字，我对非常感动。印度小孩降生后，有两件事最要紧，第一要给他起个名字，第二要给他一点饭吃，然后这个小孩就和社会发生了不可磨灭的关系。我这枚图章上刻着中国名字，头一个便是泰山的"泰"字。我觉得此后仿佛就有权利可以到中国人的心里去了解他的生命，因为我的生命是非与中国人的生命拼作一起不可了……

泰戈尔的演讲真挚亲切，赢得了观众们的心。他到达北京之后，在北京度过了自己六十四岁的生日，那是1924年5月8日。梅兰芳和北京文化界的名流，一起为泰戈尔祝寿，地点选在东单三条协和礼堂。梅兰芳就坐在泰戈尔的身边。梁启超首先登台致词，他说："……泰翁要我替他起一个中国名字。从前印度人称中国为震旦，原不过是中国的译音，但是选用这两个字却含有很深的象征意味。从阴翳氛霾的状态中蓦然一震，万象昭苏，刚在扶桑浴过的丽日，从地平线上涌现出来。这是何等境界。泰戈尔原文正有这两种意义，把它意译成震旦两字，再好没有了。从前自汉至晋的古代高僧大都有中国姓名，多半以自己所来之国为姓，如安世高来自安息便姓安，支娄迦识从月支来便姓支，康僧会从康居来便姓康，而从天竺——印度来的都姓竺，如竺法兰、竺佛念、竺法护都是历史上有功于文化的人。今天我们所敬爱的天竺诗人在他所爱的震旦地方过他六十四岁的生日，我用极诚恳、极喜悦的心情，将两个国名联起来，赠给他一个新名叫'竺震旦'。我希望我们对他的热爱，跟着这名字，永远嵌在他心灵上，我希望印度人和中国人的旧爱，借竺震旦这个人复活过来！"

全场都为梁启超的礼物鼓掌。随后，北京文艺界的朋友用英文演出了泰戈尔的名剧《奇德拉》，由林徽因担任女主角。泰戈尔一边高兴地看着，一边和梅兰芳说，希望在他离开北京之前能看到梅兰芳的演出。梅兰芳邀请他观看自己的新戏《洛神》。梅兰芳向泰戈尔介绍，这出《洛神》是根据中国古代诗人曹植的作品《洛神赋》改编的。泰戈尔欣然应允。过了十几天，梅兰芳在开明戏院表演《洛神》，提前邀请了泰戈尔。梅兰芳在舞台上往下看，看见泰戈尔正坐在包厢中间，旁边有好几位印度学者作陪。老诗人头发和胡须都白了，头上戴着红色的帽子，身上穿着红色的长袍，精神焕发。梅兰芳当晚的发挥十分出色。泰戈尔看得兴致勃勃，他亲自到后台向梅兰芳道贺，认为表演得非常成功。

第二天，泰戈尔要乘车去太原，梅兰芳和梁启超等人一起给他送行。泰戈尔和梅兰芳谈到了《洛神》，诗人显然看得很仔细，他对"川上之会"这一场的背景提出了自己的意见，他说这出戏表现了一位伟大诗人的想象力，十分美丽动人，因此应该调动一切手段来表现这一点。而昨天晚上的演出，布景还没有达到这种效果。泰戈尔还做出了具体的建议，认为：色彩宜用红、绿、黄、黑、紫等重色，应创造出人间没有见过的奇峰、怪石、瑶草、琪花，并勾勒金银线框来供托神话气氛。梅兰芳听取了建议，以后又让人重新设计了《洛神》的背景。泰戈尔的谈兴很浓，又谈到美术是文化艺术的重要一环，在中国戏剧中，服装、图案、色彩、化装、脸谱、舞台装置，都与美术有关；艺术家不但要具有欣赏绘画、雕刻、建筑的兴趣和鉴别力，最好自己能画能刻。他告诉梅兰芳自己以前并不会画画，后来有一天，他在自己的诗稿上涂涂改改，无意中发现颇具画意，打算由此入手学画。他问梅兰芳："听说梅先生也学习过绘画？"梅兰芳回答道：那天出席的画家如齐白石、陈半丁、姚茫父……都是我的老师。我爱画人物、佛像，曾画过如来、文殊、观音、罗汉像，就得到过姚茫父先生的指导。

说着说着，时间到了，宾主之间依依不舍。泰戈尔对梅兰芳说："两三年后我还要再来，我爱北京淳朴的风俗，爱北京的建筑文物，爱北京的朋友，特别使我留恋的是北京的树木，我到过伦敦、巴黎、华盛顿，都没有看到这么多的松、柏、杨、柳，中国人有北京这样一个历史悠久而美丽的都城，真是值得感激。"

泰戈尔送给梅兰芳一柄纨扇，上面题写了他的新诗，以表达纪念之情：

亲爱的，你用我不懂的

语言的面纱

遮盖着你的容颜；

正像那遥望如同一脉

缥缈的云霞

被水雾笼罩着的峰峦。

通过这样许许多多的活动，梅兰芳的名声渐渐从中国人中传播到外国人当中。登长城、看梅兰芳成为外国人到北京后的标准程序。为了给赴美铺路，梅兰芳很早就注意先造声势，主要是齐如山帮助他，在各国使馆和留学生中宣传梅兰芳，后来又向美国的报纸杂志提供介绍梅兰芳的文章。美国驻华商务参赞裘林·阿诺德曾经给美国西雅图第五大道大戏院写过一封信，信中附上了梅兰芳的五张照片，分别是梅兰芳的便装照、《天女散花》剧照、《麻姑献寿》剧照、《霸王别姬》剧照和《黛玉葬花》剧照。裘林·阿诺德在信中称赞梅兰芳在中国人民中声望显著，而且表演之美无与伦比，他分别介绍了四出剧的背景与主要内容，希望剧院方面了解梅兰芳的愿望：让美国人民真正了解中国的戏剧艺术，进而了解遥远东方大陆上人民的生活、情感。通过这种种手段，梅兰芳提前为自己的美国之行做好了铺垫。

　　齐如山向自己的朋友、当时燕京大学的校长司徒雷登询问关于赴美演出的事情，司徒雷登表示支持，他说："梅兰芳的扮相好看，无论歌舞都是第一流的，即使到外国去演出也是没有任何问题的。"齐如山不放心，又进一步询问："您这只是从梅兰芳的艺术来说，他在戏曲舞台上当然没有问题。但是要去外国演出，就要考虑是否能被外国人接受。在这方面不知道您的意见如何？"司徒雷登虽然看过梅兰芳演戏，但是对京剧艺术还不是十分了解。于是齐如山就说，"有关京剧的原理，我用文字或用图画把它描绘出来，您看看再说，好不好？"为了向司徒雷登介绍京剧，齐如山自己写了一本《中国剧之组织》，不仅有文字说明，更是配上手绘图画，所有相关剧场、行头、冠巾、古装、胡须、扮相、脸谱、舞谱、舞目、砌末、兵械、乐器、宫谱、角色，等等，都能一目了然。司徒雷登看完之后大为赞赏，准备给美国的朋友去几封信，又把梅兰芳想要去美国演出的事情告诉了美国剧作家哈布钦斯，哈布钦斯在纽约有一家剧场，他听说这件事之后，立刻表态说："梅兰芳到美国来，可以在我的剧场里出演！只要能够沟通两国的文化，我就心满意足了！至于金钱一层，我是满不在乎的。"司徒雷登校长听了之后非常高兴，立刻给梅兰芳来了一个电报说："想不到在剧场难寻的情况下得到这样的支持。如果梅兰芳来美国，我个人觉得这是一条非常合适的道路！"另外华美协进社已经正式向梅兰芳提出了访美的邀请。华美协进社是一个非营利团体，主要活动是促进中美文化交流。它的发起人名单中有不少熟悉的名字：胡适、张伯苓、梅贻琦……他们大多有美国留学的背景，致力于东西方文化的沟通。由华美协进社来邀请梅兰芳去美国演出，是再合适不过的了。当时的社长孟治自己从美国跑到北京去找梅兰芳先生，说明了华美协进社大力推动这件事的原因。在当时的美国，很多人并不了解中国，有些人了解中国遭受侵略的历史，对中国人感到同情，但普通美国人对古老的东方文化，真的是一无所知。他们每天看见的华裔，都躲在中国城里面，以经营洗衣作坊和中国餐馆为生。很多美国人视中国城为犯罪与黑暗之地。他们从未真正欣赏过中国艺术，也没有这种兴趣，只有少数人怀着猎奇的心理观看他们听不懂的戏曲，然后称之为噪音。如果梅兰芳先生能够给美国人带去京剧艺术，不仅能改变他们对中国文化的偏见，也有利于在国际上树立中国人的真正形象。和孟治先生洽谈之后，梅兰芳慨然应允到美国演出。

在几年的筹划之下，访美似乎快要水到渠成了，可是还有一个最大的问题没有解决：钱。去美国的路费，演出的花销，到处都是需要用钱的地方。可能有人会问了，梅兰芳这么大的演员还没有钱吗？可实际情况是，梅兰芳虽然挣得多，花销也大，不仅自己有一大家子人，还需要负担整个剧团的开支，平时对梨园中贫苦的同行也多有救济。而且人出名之后，需要应酬的事情也就多了，像前面提到的接待各种外国友人的花费同样不菲，以至于梅夫人福芝芳开玩笑地和梅兰芳说："咱们家应该和外交部要一笔钱，作为接待外宾的费用。"经过计算，这次美国之行至少需要十万元。现在突然要梅兰芳拿出这样一大笔钱来，确实是很困难的事情。唯一的办法只有四处筹款。原来司徒雷登校长曾经答应帮助筹款，以他自己的名义借五万元，再找其他人凑上五万元。可是后来这条路没有走通。赴美的前景一下蒙上了阴影。

正在这时，齐如山的亲戚李石曾愿意帮忙，他当时担任教育次长。齐如山对他讲述了旅费现在还没有着落，梅兰芳的钱都花在了前期宣传、添购行头等上面，大家实在没有办法了。李石曾说梅兰芳出国演出，不是为了挣钱，而是为了文化交流，这件事情上他一定会尽力帮忙。在李石曾的四处奔走下，差不多筹措了五万元，另外冯幼伟等人又从上海筹措了五万元，终于凑足了十万元。

1929年12月，梅兰芳一行先到上海，住进了上海大华饭店，准备乘坐英国"加拿大皇后号"轮船去美国。还有两天就要动身了，这天梅兰芳正在房间里与朋友讨论演出的事情，突然有人推开门急匆匆地进来，梅兰芳一看是齐如山，他手里有几封电报，都是司徒雷登的秘书傅泾波从美国来打的，上面写的意思是美国遭遇经济危机，市面上情形不好，建议暂缓赴美，如果一定要来，那要多带一些钱才行。事到临头出现这种情况，到底去还是不去，只能让梅兰芳来决定。梅兰芳刚接到电报，也犹豫了一下。这不是一件小事，如果处理不当，不仅自己多年来的声名付之流水，而且经济上也会遭受巨大损失，在此之前，他自己已经垫了四五万块钱出去。往美国的路是一条艰难的路，但是梅兰芳不想回头，也不愿回头，梨园同仁的欢送会已经开过了，报纸也做了报道，更何况，去美国是他多年以来念念不忘的心愿，眼看就要实现了，怎能够功亏一篑。梅兰芳对朋友们说："按原计划出发，这个险我必须冒。我花了好几万块钱，还是小事，离开北平之前，亲戚、朋友、学界，政界，整个的市政府，都给我饯行，送我出国，我若不去，只有跳黄浦江，没有脸再回北平。在天津的时候，河北省政府主席徐次辰说过，有人说这次出去怕要失败，但就他个人想来，只要能够出去，就是成功，无所谓失败！"

到达美国之后，梅兰芳受到了热烈的欢迎，纽约各界召开茶会为梅兰芳接风，邀请的宾客有学者、画家、批评家、新闻记者、企业家等等，气氛十分融洽。当时中国驻美大使伍朝枢也帮助梅兰芳进行宣传，在他的推动下，华盛顿很多政界人士打电话来询问梅兰芳演出的情况，后来伍朝枢专门请梅兰芳去华盛顿演出。这场演出的观众有五百多人，包括了美国国务院的官员和各国大使，演出后他们一一和梅兰芳握手致意。

梅兰芳到美国之后，最重要的事情还是安排演出，虽然做了很多前期的准备，但是究竟在美国演出和在中国演出有什么不一样的地方，大家心里还是没有底。其中最大的一个问题就是，到底应该按照京剧原有的方式来表演，还是要加以改变，以适应美国观众的需要。原来剧团中的演员们担心外国人看不懂涂得花花绿绿的脸谱，觉得应该加以变化。而从外国朋友那里得到的却是相反的意见。熟悉纽约演出市场的人举了一个例子：曾经有一个日本剧团到美国演出，他们的广告上写的是，"我们的表演最合乎美国人民的口味。"结果他们的演出完全失败。美国人想的是，要是想看熟悉的表演，他们自然会去看美国戏，为什么要去看最像美国戏的日本戏呢？所以外国友人们建议，京剧在中国是怎么演的，在美国就怎么演，把原汁原味的艺术带给美国观众。这样还有一个好处，那就是观众中可能有人看过京剧，如果改动了，他们说一句这不是真正的中国戏，会造成不良的影响。最后梅兰芳就拍板决定，表演本身不做改动，按照原来的方式演出。包括舞台也一样，按照原有的方式布置，以配合演出的内容。

关于究竟演什么戏，也颇费了一番功夫，最后选定了《霸王别姬》《贵妃醉酒》《黛玉葬花》《拷红》《琴挑》《洛神》《思凡》《游园惊梦》《木兰从军》《天女散花》《群英会》《空

梅兰芳剧照

城计》等几出戏，后来又经张彭春建议增加了《刺虎》，理由是女主人公贞娥神态表情变化多，容易为观众所接收。张彭春还建议让梅兰芳把各个剧目中的舞蹈场面合在一起，表演一场，这样能提振观众的精神，不至于看得太疲惫。梅兰芳同意了这些建议，结果后来在舞台上的效果极好，当他穿着贞娥的戏装出来谢幕之后，观众依依不舍，他只好卸妆后又出来谢一次幕。

关于谢幕也有一个故事。从第一场演出开始，梅兰芳每次演出都不止谢上一次幕。在纽约最后一场演出结束之后，梅兰芳又出来谢幕。这时有观众提出，这是最后一场演出了，希望能够和梅兰芳握手致意，表达对他的感谢。梅兰芳很高兴地同意了这个建议，他让工作人员在舞台上摆上两张桌子，梅兰芳坐在桌子后面，观众排队从桌子前面经过，一个个地和梅兰芳握手，梅兰芳对每个和自己握手的人微笑致意。观众们从右到左，排着队走，秩序井然。梅兰芳握了很长时间的手，可是后面的观众还不见少。后来还是工作人员发现，很多观众太喜爱梅兰芳的表演了，他们排队握过手之后，又排了一次队，再上来一次，再和梅兰芳握一次手。最后梅兰芳还是等到最后的观众握完手之后才走，

要说最喜爱梅兰芳的还是女戏迷，她们不仅看懂了演出中的故事，还通过戏剧加深了对中国女性和中国的了解。加州妇女协会的主席在欢迎梅兰芳的讲话中说："从前常听人说中国女子不出来做工，每天只是家里伺候她的丈夫，依靠她的丈夫

生活。谁知现在一看梅兰芳先生的戏，才知道中国的女人并不像大家传说的那样无用！原来中国的女人有很多本领高、道德高！比如《汾河湾》中的柳迎春，是那样苦苦地守节，等候着她的丈夫。《刺虎》里的费贞娥，是那样忠烈，那样有机谋，来替君父报仇。《木兰从军》里的花木兰是那样有本领，有勇气，以一个小小的女子，不仅能大战沙场，还能支配一国的胜负，真令人钦佩。……我们只看了这短短的几天戏，就知道许多有道德、有本领、又可爱的女子；连我们看戏的都爱极了她们，恨不得立刻就和她们见一面才好。由此可知从前所听的话，都是不实在的。所以我们非常感谢梅兰芳先生。"梅兰芳在女戏迷中是如此受欢迎，当他到旧金山以后，旧金山妇女会派了五位代表欢迎梅兰芳来到旧金山，她们告诉梅兰芳一个趣闻：得知梅兰芳要来，旧金山的裁缝们这些日子忙坏了，很多妇女都想要做一套又时髦又好看的新衣服去看梅兰芳的戏，结果现在全城的裁缝都在赶工了。梅兰芳和朋友一听，也不禁笑了起来。还有一天，梅兰芳和几个朋友到外面的饭馆去吃饭。邻座有几个人正在谈论梅兰芳的演出。有一个问另外一个漂亮的姑娘看过梅兰芳了没有。那姑娘说她所有的亲戚都去看过了，只有她还没去看。她的朋友说你一定要去看看，非常精彩。姑娘说每个人都这么说，可是她又不懂音乐，也听不懂中国话，觉得去了也没用，可是朋友们还是让我去。那个人说你一定能看明白，你只要看看梅兰芳的表情和手上的动作有多么好看就知道了，再不去就买不到票。其他几个人也向姑娘保证，关于梅兰芳的一切赞美都是真的，特别是梅兰芳的舞蹈，更是和美国的舞蹈不同，她这样爱跳舞，更应该早点去看，只怕她看了之后还想看。

在旧金山的时候，梅兰芳受到了当地商会的大力帮忙。几个月之前，商会中有很多人曾经去过北京，在那里受到了梅兰芳的热情招待。这次他们听说梅兰芳来到美国，特意召集全体会员，召开了一个大规模的欢迎会。这个欢迎会十分正式，首先派出两个人作为代表接梅兰芳来到会场。梅兰芳进入会场的时候，全体会员起立相迎。商会会长代表全体会员将一个非常精致的银质纪念牌赠送给梅兰芳。会长当即发表了热情洋溢的演说："从前我到日本的时候，就看过梅兰芳先生的演出。那个时候我经常想，梅兰芳先生的艺术如此高深，如果能到美国演出，一定大受观众的欢迎。如果能够成行，无论是对梅兰芳先生自己，还是对中美两国的友谊，都大有好处。不过这种想法在那个时候，还只是一种空想，谁能预料到这美好的空想，现在已经成为现实了呢！去年本商会组织游历团，到北京游览。大家都想观看梅兰芳先生的演出。不巧的是，梅兰芳先生当时正在休息，可是他为了我们，特别演出一出戏，这让我们真是又高兴又感激。梅兰芳先生和周作民先生对我们照顾得无微不至，又在茶会上招待我们，至今念念不忘。大家回来之后，经常想要怎么报答梅兰芳先生的厚待。现在好了，梅兰芳先生来到了我们这里，我们正好尽地主之谊，可惜梅兰芳先生刚到旧金山的时候，我正在纽约办事，不能见面，心里十分着急。现在特意赶来，一是与梅兰芳先生见上一面，二来再看梅兰芳先生几出美的戏剧，三来代表本会全体会员，赠给梅兰芳先生一个纪念牌。这牌虽然不大，但是代表着众人的情谊。旧金山是中国和美国来往的枢纽，所以对中国的感情向来很好。自然梅君演剧以后，全美国对于东方文化有了更多的了解，以后两国国民的感情，必更加亲近了。以上所说，绝不是假话。我从纽约回来的时候，沿路听见的都是对梅兰芳先生艺术和东方文化高度的赞美。大家对梅兰芳先生这个人更是十分喜爱。有不少人对我说，虽然说不清原因，但是他非常喜欢梅兰芳！您听这种议论是不是很有趣呢？来美国演出的外国艺术家很多，但总不如这次梅兰芳先生引起的感动！观众们对梅兰芳先生个人的艺术，对东方的文化，都是从心里头表示赞同，这真是前所未有的事情。梅兰芳先生跨越重洋，一番心血没有白费，想来梅兰芳先生自己也是十分高兴的！"

梅兰芳在会上做了答词："去年贵会组织的团体，到北平因为日期匆迫，我自己没有能尽心招待，总觉抱歉得很！现在蒙贵会长又前事重提，更令我惭愧无已！我这次来美国的动机，一是研究些新学问，二是演几出中国剧，请贵国人批评批评——我自己并不敢说是代表中国戏剧，因为我的程度，比本国剧界老前辈们还差得多。现在蒙贵国人民赞许，实在愧不敢当。但是我敢在贵国演出，一是因为深知贵国是爱中国的国家，贵会诸公及人民一定能够极力帮助；我这次在贵国能有一点成绩，也是全仗贵国人的热心提倡。我感激之余，无以为报，只好把大家的好意，谨记在心里，永远不忘。请会长回去见到贵会的诸位同仁，一定要替我传达谢意。我深信两国国民的感情，一定会一天天亲近起来。"

梅兰芳的戏不仅受到了很多年轻美国人的喜欢，还得到了不少忠实的中老年观众，其中最让人忍俊不禁的就是那些美国老太太。她们看完了戏还不肯走，变成了梅兰芳最狂热的戏迷，对梅兰芳问寒问暖，有的还和梅兰芳讨论起《汾河湾》的剧情来。有的老太太说："你看你这么漂亮的一个人，你的丈夫薛仁贵肯定喜欢你喜欢得不得了，他骗了你之后给你道歉，你可不能像那样他一说你就不和他计较了，你一定得多等一会儿，多让他道歉一会儿，他才知道自己不对了。"

沃佛兰女士是纽约社交界的明星，她一见梅兰芳就被这东方艺术的化身折服了，梅兰芳在纽约演出了三个多星期，沃佛兰女士几乎是场场不落地看了一遍。在梅兰芳演出即将离开纽约的时候，沃佛兰女士盛情邀请梅兰芳到她家的别墅作客，与纽约各界的名流相会。聚会当天，梅兰芳一行提早来到了沃佛兰女士的家。沃佛兰女士的别墅在哈德逊河边上，是一片广大的庄园。庄园里种满各种花草树木。沃佛兰女士盛装出来迎接梅兰芳，为他一一介绍来客，能在那一天被沃佛兰女士邀请的，都是纽约各界的名流，"谈笑有鸿儒，往来无白丁"。宾主尽欢之后，沃佛兰女士还送了梅兰芳一件特殊的礼物，以此来纪念梅兰芳的光临。那一年梅兰芳正好是三十六岁，沃佛兰女士得知梅兰芳的姓氏在中文里有"梅花"的意思，于是特意买了三十六株梅树，栽在自己的庄园里，成了一个特别的园子，请梅兰芳参与种植仪式，在这园子里另开了一块地，请梅兰芳破土，当天栽种，并将三十六株梅树所在的地方命名为"梅兰芳园"。

除了沃佛兰女士以外，刚到纽约的时候，在另一位太太的茶会上，有一位大美术家这样和梅兰芳说："纽约可算社会交通极方便的一座大城市，所以世界上的艺术家经常有来这里演出的。不但欧洲各国的美术家来纽约很多，就是中国的也不少；唯有真正中国戏剧还没有见过。想不到中国的戏剧大王梅兰芳今天居然来到这里，真是美术界的一个极大荣幸！从几年前开始，报纸上就说梅兰芳先生快来美国表演了。从那时候起，大家就怀着期望，而且美术界的人士经常谈论这件事情，比其他的人更盼望梅兰芳先生的到来。今天这个愿望终于实现了，而且梅兰芳先生来的第一天，我们就得以与梅兰芳先生握手致意，纽约美术界的快乐荣幸可想而知！梅兰芳先生以后如果有需要我们帮忙的地方，请随时通知我们，我们一定尽自己最大的力量。这不光是帮助梅兰芳先生，更是帮助艺术的发展。艺术是没有国界的，所以艺术界的人当然也不分国界。照这种说法，不但我们应该帮助梅兰芳先生，就是梅兰芳先生对我们，也应该多多指教！"

面对盛情，梅兰芳先生回答说："中国的美术，流传到各国的很多，唯有戏剧还很少到欧美来表演。这一次我下定决心，不远万里来到此地，一是要看看美国的新文明；二也要演几出戏，让诸位批评指正。不过中国的戏剧有一种特殊的组织法，若要表演得自然到家，首先要有表演的天赋，同时还需要十几年、几十年的苦工。在中国国内的老演员们，下的功夫深，对中国戏剧的研究也深，比我的表演好上万倍，但是他们由于种种原因，难以出国。我现在年轻力壮，为了增加见识，正好出来走走。但是不过我的工夫能力学问和老一辈相比还有很大差距，以后我的表演有不当的地方，那就不见得是戏剧界的组织不好，恐怕是我的技艺不精。所以以后不但要请诸位对中国戏剧加以评点，并且对我个人的技艺，也要多多批评指正。"

这样多的赞美，很大一部分归功于梅兰芳在纽约百老汇的舞台上经受住了考验，他的表演倾倒了观众。以至于第一场演出之后，后面的演出一票难求。有一天，姚玉芙从剧场旁边走过，剧场门口正在排队售票，售票窗口还没有开，队伍就已经排得很长了。一位美国老太太拿了一把小凳子坐在最前面等着。售票处窗口打开后，这位老太太一下子就买了好多张票，然后转过身来就坐在剧场门口旁边，开始卖起了高价票。美国警察对这种事情一般不怎么管，不过老太太转手就以两三倍的价钱往外卖，还有不少人买，可见当时梅兰芳演出的受欢迎程度。连续演出了几个星期之后，梅兰芳又到了芝加哥、旧金山、洛杉

1931 年的纽约

矶等地演出，历时半年，无论走到哪里，当地都会掀起一阵中国戏曲的热潮，掀起一阵梅兰芳的旋风。在当地华人眼中，梅兰芳给他们带来了故土的消息。这些旅美华侨用自己真挚的感情，让远离故土的梅兰芳一行倍感温暖。梅兰芳每到一座新的城市，华侨们总是想尽办法为演出服务，有的购票观看演出之外，还主动做义务翻译，帮着买这买那；有的帮助运送行李、联系住所，办理相关事务；有的邀请梅兰芳参观当地的名胜，并举办大型欢迎会请梅兰芳讲话；还有的在当地所有重要的报纸上义务宣传梅兰芳的演出。在美国人眼中，梅兰芳是中国文化的使者。梅兰芳对东道主的深情厚谊也做出了回应。在赴美之前，梅兰芳特意让人准备不少具有东方特色的礼物，准备赠给美国各界的朋友们。这些礼物有精美的瓷器，上面有梅兰芳的像，还有梅花和兰花；有中国文房四宝中的笔墨，上面刻着梅兰芳的名字和肖像；有各种精美的刺绣，绣有梅兰芳名字；还有两百多张画，内容都是关于中国戏曲的；还有梅兰芳亲笔创作的两百多张画，花的是写意花卉；竹骨扇子，配上梅兰芳画的扇面；当然还少不了最受欢迎的礼物，梅兰芳穿戏装的照片，这种照片足足带了有几千张，有的上面还有梅兰芳的题字。每个收到礼物的人都眉开眼笑，并且抓住一切机会与梅兰芳合影。

梅兰芳自己也收到了不少礼物，其中最别致的是前总统威尔逊的女婿麦克杜送的，麦克杜与梅兰芳相谈甚欢，赠送给梅兰芳一套纪念章，这套纪念章上的图案是美国各届总统，一共

24 枚。麦克杜发表演说称："近几十年来，美国人虽然极力研究东方文化，但有许多种学问，若全靠在书本上埋头工作，总觉得有一层隔膜，并且能知道的人总是极少数。尤其是戏剧、美术更须多看表演、多参观展览会才能了解。这次梅兰芳先生到美国表演东方的戏剧，每天不过演一个多钟头，可是直接间接得以领略中国文化的，总有三四个人。由此看来，梅君对于美国的贡献极大！"麦克杜不是唯一为梅兰芳所倾倒的政治人物，旧金山的市长也是梅兰芳迷中的一员。梅兰芳去旧金山演出时，这位市长原本有政务要处理，得到梅兰芳马上就到的消息后，立刻将政务放在一边，叫上了警察局局长、商会会长、中国总领事和各界代表前往火车站迎接。火车一停，市长指挥军乐队奏乐，自己亲自致欢迎词。然后市长与梅兰芳坐着插有中美两国国旗的车同行，道路两旁挤满了闻讯赶来的群众。正式的欢迎会在大中华戏院举行，门口高挂条幅，上面写着"欢迎伟大的艺术家梅兰芳先生"。市长、总领事、各界代表在大会上发表演说，梅兰芳也发表讲话，表示对主人的谢意。市长还请梅兰芳改日到市政厅一游，梅兰芳慨然允诺。第二天，梅兰芳就前去拜访市长，市长立刻又临时开了一个梅兰芳欢迎会，请梅兰芳在市政厅做了一次演说。

除了政治界的欢迎，梅兰芳的演出也轰动了新闻界，他们推波助澜的宣传对梅兰芳在美国的成功起到了重要的推动作用。梅兰芳这一次到美国演出，因为事先做了很多准备和铺垫，人还未到，已经在美国各大报刊上有了不少消息，还有很多详细的评论，"未见人下来，已闻楼梯响"。梅兰芳到纽约火车站之后，月台上有众多的照相机等待着，记者们蜂拥而上，一直跟到旅馆。他们的热情高涨，任何有关梅兰芳的材料都让他们如获至宝。第二天，梅兰芳的名字占据了各大报纸的头条。梅兰芳正式登台演出之后，更是受到了热烈欢迎。一向对戏剧评论不重视的《纽约时报》专门刊登长文赞美梅兰芳和中国戏剧。《纽约世界报》发表的评论说："看了梅兰芳先生的戏，我只能了解百分之五，一就是在这百分之五当中，也不敢说一定是真了解。但是看了还不到三分钟的工夫，我已经非常满意了。……我现在要奉告看戏的各位先生，大凡看一种特殊或是新奇的艺术，起初总是不大容易领略，这是一定的。这次看中国戏，也是这种情形。刚开始看的时候，大家一定觉得没有什么意思，或者因为不大明白，有点头痛也是可能的。但是你们不能不耐着性子听下去，倘若真的受不了，请你们到戏院外面去换换新鲜空气，疏通疏通脑筋，再回去看。总之，你们要忍过这十分钟后，再往下看，就自然体会到梅兰芳戏剧的艺术了。如果忍不过去，就把欣赏这优美的东方艺术的机会丧失了。那才真叫一个可惜啊。

到了芝加哥之后，芝加哥的报界公会也为梅兰芳开了一个欢迎会。各大报纸都尽力为梅兰芳的演出鼓劲。旧金山的新闻界同样十分关注梅兰芳，梅兰芳到当地演出的第二天，报纸上

梅兰芳剧照

就发表评论说："（美国）东部各大报纸对中国剧的组织，以及梅兰芳先生个人的艺术批评的很多很详细，并且都是非常恭维；但是据我看来，还没有把梅兰芳先生的妙处说尽。"还有的报纸把旧金山原有的广东粤剧和梅兰芳的表演加以比较，认为梅兰芳的演出让美国人更深入地了解了中国戏剧，改正了以前以偏概全的印象。

《纽约世界报》是这样报道评价梅兰芳的第一次演出的："这是我戏剧观赏生涯中最美妙、最兴奋的一个夜晚。只要你看了梅兰芳在舞台上三分钟的表演，你就不能不承认，梅兰芳是前所未见最杰出的表演艺术家之一，他既是演员，又是歌唱家和舞蹈家，这三种身份在他身上完美地结合在一起，你简直区分不出这三种艺术。"总之，这次梅兰芳在美国的成功，新闻界的力量是不容忽视的，而且最重要的是，很多报纸是自动自发地发表评论和新闻，引起社会大众的注意，这比自己登广告宣传自己要有说服力得多了。

纽约戏剧总会有众多会员，是纽约乃至美国最具影响力的戏剧机构，特别为梅兰芳举办了一次晚会，到场的有五百多会员，当梅兰芳出现之后，全体起立鼓掌欢迎。纽约戏剧总会特别向梅兰芳一行各位演员颁发了名誉会员证，这是前所未有的举动，足可见对梅兰芳的重视。之后戏剧总会的会长还来找过一次梅兰芳，他说："纽约有不少歌唱家、演剧家、音乐家都想看梅兰芳先生的演出，可是虽然愿望强烈，却没法看到。因为梅兰芳先生都是在晚上演出，这个时候他们大都也在演出，没法分身。梅兰芳先生只在周三周六两天白天演出，可是他们那时候同样也在舞台上。这让他们很苦恼。于是这些没能看到演出的艺术家们就一起来找我，希望我拜托梅兰芳先生，能在周四白天演出一次，让他们也能看看，否则实在是万分地遗憾。他们知道这让梅兰芳先生很为难，所以托我来商量商量，如果梅兰芳先生能够破例，他们就感激不尽了。"梅兰芳听完立刻说没有问题，有这么多艺术家愿意来看他，他也十分激动。当时著名的戏剧家和文艺评论家斯达克·杨以梅兰芳为题，写了一篇万余字的长文，他这样高度评价这位东方艺术家：

梅兰芳会四百种剧目，他深深浸淫于东方的艺术，戏剧、音乐、舞蹈中的很多古老艺术形式通过他的手得以重新焕发光彩。梅兰芳发挥自己的天才与刻苦，将这些艺术形式改造得适应现代观众的要求。

看了梅兰芳的做工、表情，使我联想到古希腊的戏剧。因为在古代典籍里，常有议论古希腊的戏剧的地方，但是文字虽然能够读懂，他写的意思却往往不大明了。不消说，自然是因为根本没有看过表演，所以难以想象出它组织的优点。这回看过梅兰芳的表情、做工，及剧中的一切规矩以后，使我这些年看不懂的书，完全了解了，一切疑团，顿然冰释。梅兰芳先生便不啻替我作了一个实验，这真是我这些年罕有的痛快事，我难道不应该欢喜若狂吗？大概中国剧一切的组织方法，与古希腊戏剧有许多相似的地方。

从前常听人说中国戏剧太不真实。但是现在我看了以后，觉得中国戏剧的表演，非常的真，不过不是写实的真，却是艺术的真，让观众看了，觉得比本来的真还要真。

我最爱看的戏，就是《刺虎》这出。因为它有历史上和文学上的趣味。贞娥自刎的身段非常好看；自刎以后，与一只虎同躺在台上的距离、尺寸、方向、样式，都极有研究，尤其美观。这不能不佩服中国戏剧的组织，更不能不佩服梅兰芳的艺术。

美国写实派戏剧家的做工表情，都显着呆板浮浅，一看就懂了。梅兰芳的做工表情，从眼的动作，到手的动作，都是恰好而止，没有过分的毛病。姿态非常生动，使人看了以后也同样的懂了；但是懂了以后，仿佛还有点含蓄不尽的美的深意在里面。

关于梅兰芳的表情，有人以为是写实。其实并不是写实，却是一种有规矩的表现法，绝不是用暴烈的感情、浮浅的举动来表现的。这种地方是中国戏剧组织法最高深的地方，万不是写实的办法所能办到的。

在中国戏剧中，各个角色在台上坐的地位，都非常好看。虽然并不像现实那样自然，但是安排的浓淡距离，都有美术的研究。梅兰芳坐立的位置，或靠前，或靠后，或侧或正，常常有变动，使观众的眼光视线一新，精神一提，所以永远不会疲倦。

梅兰芳脸上的化妆，眉眼的描法，都非常有研究。他的白、黑、红三色的浓淡布置，就像古代的瓷器。梅兰芳俯仰坐立的姿态，也有许多地方与古画相同。这固然是梅兰芳的艺术好，当然也是中国戏剧的组织好，不过梅兰芳表演出来特别美观就是了。

我想梅兰芳在中国演戏，一定比在美国好得多。因为在这演唱，我看似乎有迁就美国人眼光心理的地方。可是我要劝梅兰芳千万不要这样，这会损害中国戏剧的价值。凡是来看梅兰芳演出的人，都是按照极高尚的艺术来看，或是按照古代雕刻来看，倘若他们有些不了解的地方，也毫无妨害。越是按照中国戏剧规定的演法，极力发挥，观众越欢迎，越感兴趣。

我看梅兰芳的嗓子很好，但似乎是不敢用力唱，其实不要紧，纽约的人，既然公认了中国戏剧是世界的艺术，梅兰芳就应该极力发挥中国戏剧固有的长处，发挥得越好，欢迎的程度越高。因为有许多人不是为取乐来的，都是为研究艺术才来的，为研究东方文化艺术才来的，所以梅兰芳万不可气馁，不要损害自己艺术的价值，也不要降低中国戏剧的身份和地位。中国戏剧的举止动作之雍容大雅，位置的高尚，分量的沉重，实在在世界戏剧之上。

我这次看了梅君的戏，对于戏剧的原理明白了许多，对世界艺术的原理也明白了许多，真是异常的愉快！

《汾河湾》柳迎春二次出场，用扫簸箕里的土，迷薛仁贵眼的身段，非常好看。但是第一次演这出戏时，只扫了一次，后来连演的几天，有连扫两三次的时候。其实据我看来，不及扫一次好看。

《刺虎》里贞娥的自刎，头一次刎的姿势，比后来的好看。

因为须生不很出色，所以梅兰芳减少了不少风采。我想若换一个好须生，梅兰芳表演的效果会好上几倍。

梅兰芳享有这样大名，还仍然这样谦恭和蔼，不耻下问，如何能不成为世界上的伟大人物呢！我对这点，极端佩服。美国的名演员就不是这样，往往自满，目中无人，可是这次对梅君一点骄傲之色也没有；可见他们对梅兰芳的佩服！

在美国，每几年里必有一个夺锦标的人，意思就是全国——无论政界、学界、商界、工界都在内——最令人注目的一个人，这次夺锦标的人，一定是梅兰芳无疑。

作为一个艺术家，梅兰芳这次来到美国最高兴的事情，可能就是见到了美国著名影星卓别林。洛杉矶是美国电影工业的中心，这里汇聚着大量的电影艺术家，卓别林是其中最耀眼的一位。梅兰芳是从旧金山抵达洛杉矶的，迎接他的是剧场经理。剧场经理为了梅兰芳在演出之前放松一下，缓解缓解旅途的疲惫，带他去一个电影界和文艺界人士的聚会，也借这个机会将梅兰芳介绍给洛杉矶的评论家们。穿着中国传统长袍马褂的梅兰芳，立刻就吸引了会场上人们的注意。会场上的主持人通过麦克风告诉来宾梅兰芳的身份，大家用掌声对这位远道而来的艺术家表示欢迎。剧场经理为梅兰芳介绍在场的电影演员、编剧和导演，梅兰芳一一和他们握手致意。正在这时，走过来一位中年男子，梅兰芳看了几眼，觉得这个人有些眼熟，却想不起来在哪里见过了。剧场经理赶紧给双方介绍："梅兰芳先生，这就是好莱坞著名的电影明星卓别林先生。卓别林先生，这是今天刚到的梅兰芳先生。"两个人坐下一谈，都有相见恨晚的感觉。卓别林当时已经拍摄了《寻子遇仙记》《马戏团》《淘金记》，和梅兰芳一样，他也正处在事业的上升期。由于他的无声电影表演和京剧表演形式有相通之处，所以他很快就和梅兰芳找到了共同的话题。卓别林说："你还没来美国我就听说你了，你在纽约的演出非常成功，我虽然还没看过你的演出，但是看过很多关于你的报道和评论，想不到你这位天才演员是这样年轻，不过没关系，明天我就能看到你的表演了。我相信那是代表中国戏剧的艺术展现。"梅兰芳说："我也早就听过你，十几年前我就在电影屏幕上看过你演的电影，还记得你的拐杖、礼帽和小胡子。刚才看着你有些眼熟，就是想不起来了，你和银幕上的样子不太一样。"卓别林向梅兰芳询问中国戏剧中插科打诨的角色，梅兰芳向他介绍说："在中国，我们把这种角色叫做丑角。丑角是很重要的，传说中国戏曲的祖师爷演过丑角，可见丑角的地位。可惜这次来美国没有带来丑角戏，不然可以让你看看中国的丑角表演。"两位艺术家相谈甚欢，结下了跨越太平洋的友谊。1936年，卓别林去中国的时候，特意去看望了梅兰芳，对梅兰芳风趣地说："当初我们在洛杉矶见过面，那时候我们的头发都是乌黑的。可是现在你看看，我的头发白了许多，而你的头上却没有一根白发，这是不是太不公平了？"。十几年后，梅兰芳为了躲避日本侵略者而移居香港，在战乱中还帮助卓别林的反战电影《大独裁者》在香港上映。梅兰芳一连看了七遍《大独裁者》，还带着自己的孩子去看了好几遍，回来还和孩子们讨论剧情和其中的含义，他也是在深深思念这位老朋友。

除了戏剧界的朋友之外，音乐界同样热情饱满。纽约大音乐会也开了一个大茶话会，欢迎梅兰芳，参加这个茶话会的有戏剧家、音乐家和歌唱家等二百多人。会上梅兰芳应邀做了讲话。他说："现在要想求世界上的和平，最好是联络各国国民的感情！若想求各国国民的感情融合，最好是从美术和艺术来入手。因为美术和艺术是最富于感情的，是人人思想共同有的趣味，并且是不分国际的学问，所以拿他们来联络国民的感情，最容易收效果。我以为这种见解极对，所以决意要往各国一游，研究研究各国的戏剧音乐等艺术，虽然我的能力渺小，做不了这样大事业，但我决意向这条路上走去。……至于我此来的最大宗旨，还是要考求考求美国的艺术，希望大家多多指教，能够多长些学问见识，也好回去报效祖国。"全场热烈鼓掌欢迎梅兰芳的讲话。主持人说："梅兰芳先生说要带一点学问回国去，我看恐怕他要在美国留下一些学问了。"听了这话，梅兰芳和

20世纪30年代的百老汇

大家一起笑了起来。

如果说，梅兰芳在观众之中，在艺术界、商界和政界之中受到广泛的欢迎，是对中国戏剧艺术魅力的肯定，那么两所大学授予梅兰芳名誉博士学位，这一荣誉不仅大大出乎他自己的意料之外，而且代表了美国学术界对他的肯定。

在梅兰芳这次访美过程中，燕京大学校长司徒雷登博士发挥了重大的作用，他不仅在前期准备过程中帮助梅兰芳与美国取得联系，而且也通过他与美国学术界的深厚关系，为梅兰芳打开了通往更高学术殿堂的大门。在他的大力推荐下，美国学术界一开始就没有将梅兰芳作为一个普通的演员，而是把他看成东方戏剧艺术的代表，希望在他的身上了解更多东方艺术的精髓。研究戏剧、美术、音乐、舞蹈、文学、民俗的大学教授们，先是自己去观看梅兰芳的演出，相对于那些狂热的观众，他们更能从理性上加以分析，回来之后更是将自己的感受写成文章，有的像斯达克·杨一样，分析出了梅兰芳的京剧与古希腊戏剧的相通之处，有的讨论了写实的美与写意的美之间的关系。很多老师回来之后，让自己院系的学生一定要去看梅兰芳的戏剧，认为这是一次极为难得的机会，让美国的学生有机会亲炙东方艺术，这种感性的认识要比看多少时髦的理论都要起作用，对学生的学业实在是大有裨益。

除了看戏，各大学术机构的负责人还热情邀请梅兰芳前去做客，这种访问比起一般的茶话会有了更多的学术交流和文化交流意味。芝加哥艺术博物馆的馆长请梅兰芳一行到馆参观，他亲自引导梅兰芳观赏馆内的藏品，介绍它们的来历和价值。他说："博物馆本来就是为了文化交流、沟通而生的，芝加哥艺术博物馆也不例外。我们努力收集世界各地，来自不同文化背景的美术作品。东亚的文化本来就是我们特别关注的重点之一，我们耗费了二十几年的时间，用了几千万的钱来建设。可是梅兰芳先生在这里演出两个星期，产生的影响已经远远超过了我们的博物馆。"

旧金山大学的校长邀请梅兰芳共进午餐，期间谈到了梅兰芳昨天晚上演出的《春香闹学》，校长说："昨天晚上我们学校很多同学都去看了梅先生的戏，特别是《春香闹学》这出戏，很受同学们的欢迎，大家回到宿舍来，还在不断地讨论剧情，讨论梅兰芳先生生动活泼的表演。我告诉他们梅兰芳先生这次来美国，为我们带来了美好的东方艺术，大家都应该感谢他。"梅兰芳开玩笑地说："学生们看了《春香闹学》恐怕会学着闹起来了，到时候校长不要怪我。"校长说："他们早就闹起来了，比春香要厉害多了！"大家都被这风趣的对话逗笑了。

普林斯顿大学校长海本先生，同样邀请梅兰芳去大学参观。他是司徒雷登校长的好朋友，之前为了梅兰芳来美国，也做了很多宣传，帮助提升梅兰芳的知名度。梅兰芳到达美国之后，海本先生也提供了很多帮助。可惜梅兰芳时间实在紧张，没能到普林斯顿大学去，他一直为此感到歉意，回国后还托司徒雷登先生向海本先生致意。

加州波摩拿学院是一所创立于 1887 年的文理学院，当时的校长查尔斯有一位中国的得意门生，他就是齐如山的好友司徒宽。有了这一层关系，查尔斯对梅兰芳的兴趣更浓，当梅兰芳在美国的旅程接近尾声的时候，查尔斯校长的一次谈话，注定将会为这一趟旅程掀起最后的高潮。查尔斯将司徒宽找来对他说："我前些时候读了芝加哥等地的报纸，上面对中国戏剧和梅兰芳的评价极高，都认为在文艺上有极高的价值。梅兰芳先生来到这里表演之后，我和学校的各位教授都去看了，你也和我们一起去了。那果真是出色的表演，之前报纸的报道还有不能描摹尽的地方，梅兰芳先生当得起他的名声。我们几个商量了一下，想由波摩拿学院发给梅兰芳先生一个名誉博士学位，你帮着去问一问。"司徒宽找到齐如山，让他把这件事情转告梅兰芳。梅兰芳一开始有些诧异，想要拒绝，理由是自己不够格。但是后来在朋友的劝说下又接受了，他看重的不是一个博士头衔，而是社会对演员的一种尊重。在当时的中国，演员仍然属于社会的下层，不受人尊重，不能与人平等交往。如果梅兰芳接受了这个博士头衔，那以前的"小友""梅郎""艺士""老板"，甚至"先生"，就都成为历史了，这个头衔不仅仅属于梅兰芳，也为千万社会底层的中国戏曲演员们争取了荣誉。

得知梅兰芳同意接受名誉博士，查尔斯校长十分高兴，告诉司徒宽 6 月 10 日正好是学院召开毕业典礼的日子，就定在那一天为梅兰芳举行典礼。可是梅兰芳 6 月 6 日就要离开去檀香山了。查尔斯也犯了难："你知道学院授予博士学位的典礼十分隆重，如果本人不在是不行的，这是校规规定的。今年春天我们想为中国第一任驻美国大使施肇基先生颁发荣誉法学博士，可惜他当时去了欧洲，这件事只能就放下了。现在梅兰芳先生恐怕也不能例外。"司徒宽一听也很着急，说："梅兰芳先生去檀香山的行程是早就定好了的，难以更改，校长还有什么可以变通的办法吗？"查尔斯想了半天，忽然想到十几年前，英国工党领袖、首相麦克唐纳来到美国，东海岸有一所大学授予他名誉学位，也是时间赶不上，所以特别开了一次大会。只有这一个特例，如果学院要照此办理的话还要开全体校董会讨论。不过梅兰芳先生的影响力大，应该没有没问题。查尔斯所料不差，校董大会全体一致通过了他的建议。

5 月 28 日下午两点，梅兰芳先到了校长的家，在校长室换好了礼服后赶往学院的礼堂。礼堂可以容纳千人，在台上摆放了二十多排椅子，梅兰芳和校长一起坐在第一排。后面是校董和教授们，他们都穿着博士服，十分庄重肃穆。正对着讲台坐的是学生，两边的走廊上有观礼的嘉宾。入座后，校长查尔斯首先致开会词。随后由弗里曼博士和邓勤博士介绍梅兰芳的艺术成就，校长代表教授公会，授予梅兰芳博士头衔。梅兰芳身披"博士带"，手拿博士文凭，全场掌声雷动。之后梅兰芳发表了讲话，除了感谢波摩拿学院之外，还提出文化的交流有利于人类的和平与发展："校长先生，校董诸公，教授公会诸公，各同学，各来宾，兰芳今日得蒙奖授荣衔，非常感谢诸公！此举是表现对于我们中国人最笃厚的国际友谊！兰芳不过是微末的，个人游历贵邦，是要吸收新文化的，随带表演自己一点艺术藉博贵国学者之批评。……按照历史的例证说来，真和平不能够从武力上得来的。人类希望的和平，不是暴乱后的平静，真的和平是要从精神、理智和物质里面增进人类的发展和生长，要维持世界的真和平，人类是要相互了解，相互原谅和同情，是要相互扶助的，不是要相互争斗的。"

梅兰芳演说完毕之后，有人用英语重复一遍，受到了师生的一致欢迎。全场起立唱美国国歌，典礼到此结束。各位教授都过来向梅兰芳表示祝贺，称他为"梅博士"。大家都认为本校授予过不少荣誉头衔，梅兰芳发表的演说词，立意深远，堪称第一，应当记录下来，分发给学生。当晚聚餐，除了教授之外，还有三百多学生，学院里学音乐的学生起立歌唱，并到梅兰芳的座位前面再次演唱，表示尊敬。

不久之后，南加州大学也表示愿意向梅兰芳授予文学博士的荣誉头衔，梅兰芳也愉快地答应了。南加州大学成立五十周年纪念日那天，校方为举行了梅兰芳授衔仪式，典礼仪式非常隆重。学校的大礼堂里肃穆庄严，观礼的有三千多人。校长将博士学位证书赠给梅兰芳时，全场的掌声延续了两分钟。

当时的美国驻华使节裘林·阿诺德在 1926 年曾经说："我们赞扬梅兰芳，首先是因为他那优异的表演天才，其次是因为他致力于提高中国戏剧和演员在社会上的地位，在这方面所做出的重要贡献。"梅兰芳的美国之行，是这句话最好的注脚。他不仅承担了经济和名誉上的风险，而且全心全意地投入，不亚于进行了一次远征。梅兰芳在国内，每周时间大概演出三场戏，而在美国，一个星期之内他要演出七场戏，有时候还要加演。梅兰芳带去美国四十五个戏箱，里面装的行头够几百场戏演出之用，以备不时之需。他不得不一再重复演出相同的剧目，克服旅途的劳顿，出席无止境的应酬，累得脸色苍白，几乎是精疲力竭。梅兰芳明白无误地知道自己的使命：中国文化的使节，中国古老艺术的传播者，他愿意为此付出超负荷的劳动，承受前所未有的压力。梅兰芳用自己高超的艺术、高尚的人格精神，为世界展现了中国人新的形象。

三、蓄须明志的个人抗战

日本于 1931 年侵占中国东北三省之后，继续将侵略的魔爪伸向华北，不断向华北增派军队。驻丰台日本华北驻屯军不断在卢沟桥附近举行军事演习，挑衅中国军队。日军以训练、示威等种种方式，侵害中国领土主权，甚至计划在卢沟桥一带强购土地修建飞机场。日军在卢沟桥附近的演习，一开始一个月一次，到后来发展到半个月一次；一开始演习时间在白天，后来变成在夜晚进行真枪实弹的演习。

1937 年 7 月 7 日的晚上，日本驻扎中国华北的军队在北京附近的宛平城进行军事演习，日本军队谎称有日本士兵失踪，要求进入宛平城搜查。中国军队义正词严地拒绝了这一无理要求。日本军队于 7 月 8 日凌晨向宛平县城和卢沟桥发动进攻，当时驻守于卢沟桥的中国第二十九军官兵奋起抵抗。长达八年之久，反抗日本帝国主义侵略，拯救民族危亡，艰苦卓绝的伟大抗日战争从此开始。

"九一八"事变时的日本军队

1937年8月9日，驻扎在上海的日军官兵二人，乘军用汽车冲进虹桥机场，开枪打死中国卫兵一名，这两个日本军人也被中国保安队击毙。8月13日，日本军队以此为借口，大规模地武装进攻上海。历时三个月的淞沪抗战由此爆发。在这场历时三个月的大战中，中日双方共有约100万军队投入战斗。日军投入了十个师、三十余艘军舰、五百余架飞机、三百余辆坦克；中国方面则投入了装备最为精良、训练最为有素的七十多个师，参战舰艇达到四十艘，参战飞机二百五十架。英勇顽强的中国军人不仅以落后于敌人的武器装备顽强战斗，甚至用刺刀、石块来战斗，以伤亡数万之众的代价，毙伤日军五万多人，打破了日军"速战速胜"、"三个月灭亡中国"的幻想，鼓舞了全国人民的抗日斗志，为政府、工业、人民的内迁赢得了宝贵的时间。

　　此时的梅兰芳已经结束了在长沙的演出，回到沦陷的上海，他面对的是一种险恶的环境。在这样的社会大背景下，每一个中国人都不能置身事外，梅兰芳作为知名的艺术家，又曾经两度东渡日本演出，在日本的影响力甚至不亚于中国。日本人翻译外国人人名，多用自己日语的发音去读，很少按国外原有的音去读。据说连清朝的李鸿章也是这样，唯一一个例外就是梅兰芳。可以说回到上海的一刻，梅兰芳就开始自己特殊的"抗战"。很多人都知道梅兰芳的"蓄须明志"，其实，漫长的八年，甚至更长的时间里，梅兰芳为了保持个人的尊严、民族的气节，

梅兰芳

不仅仅是"蓄须明志"。

早在之前的 1932 年,日本在东北扶植了伪满洲国,为了扩大影响,日本人决定请一批京剧名角前去表演,为伪满洲国的成立造声势。在这份名单中,第一位的就是梅兰芳,他在京剧界的地位、在日本的声望,都让他成为日本人的头号目标。梅兰芳对这种邀请直接就以喉咙现在有病为由拒绝了。日本人还不死心,于是派出几位清朝的遗老遗少,找到梅兰芳家里,说什么:"梅家三代世受皇恩,如今宣统皇帝在满洲登基,你就该前去祝贺。"对这些恬不知耻的人,梅兰芳的回答是两个字:"不去!"梅兰芳心里明白,之前去日本唱戏,是为了增进中日两国人民的情谊,现在自己如果去长春,不仅会助长日本侵略者的气焰,同时也是丧失了作为中国人的人格和国格。后来梅兰芳去苏联演出时,也坚决不通过伪满洲国去苏联,而是改走水路前往,在民族的大是大非问题上,梅兰芳一直很清醒。

回到上海不久,就有人登门拜访做说客,希望梅兰芳到广播电台做一次播音,为日本的占领粉饰太平。面对早已想到的情况,梅兰芳的回答是要去外地演出,没有时间。虽然暂时搪塞过去,一波未平一波又起,紧接着就有人鼓动梅兰芳出来唱几场营业戏。所谓营业戏,是相对于堂会戏而言,就是对外公开售票的演出。梅兰芳在上海不是一个人,他还有一大家子、一个剧团的人要养活,何况自己的儿子梅葆玖才出生不久,处处要用钱。这时对方说得好听,说什么营业戏就是赚钱,不涉政治，日本人来了，饭馆也得开业，工厂也得开工，京剧演员唱几出戏怕什么的呢？梅兰芳身边的人一起商量这件事情，议论纷纷，也有的人说："上海沦陷了，日子还得照过，做生意的照样要做，唱几场营业戏，是给大众看的，又不是专给日本人看的。"这时候冯耿光也在场，他大声说："虽然演的是营业戏，可是梅兰芳一出台，接着日本人要你去演堂会，要你去南京、东京、'满洲国'演出，你如何回绝呢？"孔子曾经讲过："益者三友，损者三友。友直，友谅，友多闻，益矣。"说的是有三种对人有益的朋友：正直的朋友，真诚相待的朋友，博闻多识的朋友。从这件事情上看，冯耿光堪称梅兰芳正直的诤友，是他在最关键的时刻，用自己的正直和坚定鼓励了梅兰芳。和梅兰芳相濡以沫的福芝芳，同样在紧要关头坚定地站在丈夫一边。十几年后，梅夫人对这一幕依然记忆犹新："我们家的大主意都是大爷（指梅兰芳）自己拿，这一回我可是插了句嘴。我悄悄地提醒他，'这个口子可开不得！'还真和他碰心气了，他当时把香烟一下子掐灭，立起身来大声说，'我们想到一块儿了，这个口子是开不得！'"

虽然梅兰芳一再严词拒绝，但还是摆脱不掉汉奸特务与日本人的不断纠缠，于是他就动了离开上海的念头。他拜托冯耿光先去香港打前站，为了掩人耳目，梅兰芳决定以演出的名义去香港，于是又委托交通银行香港分行的许源来联系香港利舞台，请对方邀请梅兰芳去演出。1938 年，梅兰芳领着自己的梅剧团到利舞台演出了二十多天。演出结束后，剧团返回，而梅兰芳则住进了香港半山上干德道 8 号的一套公寓，开始了四年的隐居生活。当时也有人劝说梅兰芳，认为他曾经两次赴日本演出，在日本声望极高，没有必要搬到香港住。而梅兰芳这样回答他："日本人民对我是友好的，可是他们的军阀政府对我们国家则太可恨了。我有什么理由只管自己，不顾国家呢？"

香港干德道原名干读道，是英语"输水管"的音译，因为这条大道的位置最早曾经修建过一条输水管道。这里交通便利，闹中取静。而且公寓一边是英国海军司令部，另外一边是日本领事馆。梅兰芳之子梅绍武说，当时以为就算日本人的炮弹打过来，也不会朝梅兰芳公寓方向打。梅兰芳一家在这里深居简出，不见外客。梅兰芳这么做也是有原因的。梅兰芳的梨园前辈，和梅兰芳亦师亦友的杨小楼曾经拒绝为大汉奸殷汝耕唱堂会，当时殷汝耕是日本扶植的伪冀东防共自治政府行政长官，气焰熏天，而杨小楼不为所动。梅兰芳曾与杨小楼说起此事，关心地对杨小楼说："您现在不上通州给汉奸唱戏还可以做到，将来北平也变了色怎么办？您不如趁早也往南挪一挪。"杨小楼坦然回答说："很难说躲到哪儿去好，如果北平也怎么样的话，就不唱了，我这么大岁数，装病也能装个十年八年，还不就混到死了。"杨小楼此时已经去世，而梅兰芳才刚刚明白他所说的"很难说躲到哪儿去好"。香港不久以后，也将笼罩在日本侵略的阴影之下。

此时的抗战已经进入相持阶段，有不少人对抗战的前途悲观失望。但梅兰芳对自己的民族和国家始终抱有信心。曾经"拳不离手，曲不离口"的梅兰芳，只能关紧门窗，拉上厚实的窗帘，让好友许源来吹笛子，自己唱上几句昆曲。为了锻炼身体，梅兰芳坚持打羽毛球，每周两三次的羽毛球训练成为他难得的运动机会，让他不至于在没有舞台锻炼的情况下，失去一个演员应有的身体状态。他虽然不知道什么时候才能重上舞台，但他还是坚持吊嗓子和锻炼身体，希望有朝一日为抗战的胜利而歌。后来梅葆琛、梅邵武也住进了这座房子。一天晚上，才十几岁的梅葆琛晚上十一点多，忽然听到一种咿咿呀呀的声音，他偷偷起床走出屋子，顺着声音找过去，走到了父亲住的屋子外面，声音就是从这里传出来的，还夹杂了二胡的声音。这么晚了，究竟是怎么回事呢？他偷偷往屋里一看：梅兰芳坐在桌子旁边，桌子上摆着收音机，收音机里面正播放着他自己的唱腔，他轻轻地拉着二胡，和着收音机里自己的声音。原来梅兰芳在通过这种方式复习自己唱腔，进一步揣摩和改进，在这样艰难的情况下，梅兰芳只有用这种方法来保持自己作为一个演员的状态，期望重返舞台的日子快点到来。就像梅兰芳后来自己说的那样，当时他也只能这样做，而不敢公开地吊嗓子，"哪儿敢吊嗓子！这儿四邻住着这么些人家，我要一吊嗓子，还得了！人准要说，梅兰芳在吊嗓子了，他就要唱戏了。我这几年尽告诉人，说我的嗓子坏了，不能再唱了。"

除此之外，梅兰芳在香港主要用画国画的方式来寄托自己的爱国情怀。一般人对梅兰芳戏曲艺术成就耳熟能详，而对他在画艺上下的功夫就不那么熟悉了。梅兰芳不仅爱好画国画，并且得益于他的虚心受教和交际广博，他在绘画上有几位著名的老师，让梅兰芳的绘画水平不仅仅停留在一般爱好者的层面上。

梅兰芳的第一位绘画老师是王梦白，王梦白名云，字梦白，号破斋主人，又号三道人，江西丰城人。在中国近现代美术史上，王梦白与众多名家齐名。他是由罗瘿公介绍给梅兰芳的。罗瘿公青年时期曾就读于广雅学院，是康有为的弟子，他的诗文与陈散原等名家并称，同时又是一位著名的剧作家，还曾经悉心培养了四大名旦中的另一位程砚秋。他与梅兰芳的关系十分亲密，梅兰芳迎娶夫人福芝芳，就是他做的媒人。他不仅给梅兰芳介绍了王梦白这样一位名师，还进一步把梅兰芳带进画坛。通过罗瘿公和王梦白，梅兰芳结识了北京画界中的不少名家、大家。当时京城画坛有"京师四大家"，包括陈师曾、齐白石、凌文渊与陈半丁，他们都与梅兰芳有过深入的交往和交流。其中齐白石和梅兰芳还有一段师生之谊，为梅兰芳的绘画艺术更上一层楼奠定了坚实的基础。只是梅兰芳恐怕做梦也想不到，当时作为兴趣爱好的绘画，有一天会用来谋生。

就像罗瘿公介绍王梦白给梅兰芳一样，齐白石也是由梅兰芳的一位老朋友齐如山介绍的。齐白石与齐如山是老相识，齐如山经常给齐白石讲梅兰芳的艺术，讲梅兰芳的虚心好学，讲梅兰芳的人格魅力。时间一长，齐白石就萌生了想见见梅兰芳的念头，当他听说梅兰芳也在学习国画，还认识不少自己画坛的朋友，齐白石对这位"梅老板"就更有兴趣了。从梅兰芳这边来说，能得到齐白石这样一位画坛举足轻重的艺术大家的指点，也是他求之不得的。在齐如山的牵线搭桥下，两个不同领域的艺术大师终于见面了。

齐白石老人对这次见面印象深刻，对梅兰芳的初次印象也很好，他曾经回忆道："民国九年（1920 年），我五十八岁。我跟梅兰芳认识，就在那一年的下半年。记得是在九月初的一天，齐如山来约我同去的。兰芳性情温和，礼貌周到，可以说是恂恂儒雅。那时他住在前门外北芦草园，他书斋名'缀玉轩'，布置得很讲究。他家里种了不少花木，光是牵牛花就有百来种样式，有的开着碗般大的花朵，真是见所未见，从此我也画上了此花。当天兰芳叫我画草虫给他看，亲自给我磨墨理纸，画完了，他唱了一段'贵妃醉酒'，非常动听。同时在座的，还有两人：一是教他画梅花的汪霭士，跟我也是熟人；一是福建人李释堪，是教他作诗词的，释堪从此也成了我的朋友。"

梅兰芳拜齐白石为老师，真的是想好好学一学齐老的画艺。当时他已经名满天下，演出应酬天天排满了，大家都觉得他画画属于怡情养性，不能专下心来学习。当时连齐白石也低估了他学习的精神和尊师重道的心，对他说："你这样有名，叫我

甲申冬日浣華梅蘭芳寫

梅兰芳书画作品

一声师傅就是抬举老夫了，就别提什么拜师不拜师的啦……"可令众人万万没想到的是，梅兰芳不仅坚持一定要举行拜师仪式，而且他对国画学习的认真程度也是常人难以想象的。那段时间，除了排练演出的时间，梅兰芳每天都准时到齐白石的家里学画画，而且进门先向老师鞠躬问好，不像一个名满天下的艺术家，而像一个虚心学习的普通学生。他对老师的尊重，不仅表现在口头上，更表现在行动上，无论什么时候见到老师，梅兰芳都不忘学生的礼节。而他尊师重教的许多佳话，一直被传为美谈。

有一年农历二十三小年晚上，梅兰芳在戏院演出，考虑到齐白石爱看戏，今天演出的著名演员又比较多，演出精彩纷呈，于是特意派人接来了齐白石，让他在位置最好的前排就座，舒服地欣赏演出。那一天梅兰芳最后一个出场，唱的是《贵妃醉酒》，发挥极为出色，看得观众们如痴如狂，他一连三次返场，观众掌声不绝欢声雷动。齐白石看自己学生的演出也看得非常高兴，演出结束后想要去后台看看梅兰芳。一走进后台梅兰芳的化妆室，齐白石就看见梅兰芳坐在那儿休息。每次演出梅兰芳都是全力以赴，结束之后汗水总是把浑身的衣服都湿透了。梅兰芳一见自己的老师亲自来看自己，赶紧站起来给齐白石拿来椅子。齐白石一边坐，一边和梅兰芳说今天的演出。梅兰芳细心地发现老师一直用手揉大腿，问是怎么回事。齐白石说是腿麻了。梅兰芳说："肯定是坐得太久了，受了凉……"他一边叫人端盆热水来给老人烫脚，一边脱下老师的鞋子，亲手给老师焐脚。齐白石深深被梅兰芳的行为所感动，这一刻，他真真正正明白梅兰芳那一声"老师"有千钧之重。无论有多高的地位，多大的名声，在老师面前，学生始终是学生。

这样的举动对梅兰芳来说不是一次两次。有一次，齐白石到一个高官家去应酬，满座都是阔人，他们看齐白石衣服穿得平常，又无熟友周旋，谁都不来理睬。齐白石窘了半天，自悔不该贸然而来，讨此没趣。想不到梅兰芳来了，对他很恭敬地寒暄了一阵，座客大为惊讶，才有人来和齐白石敷衍，齐白石的面子，总算圆了回来。事后，齐白石特意精心画了一幅《雪中送炭图》送给兰芳，题了一诗："曾见先朝享太平，布衣蔬食动公卿。而今沦落长安市，幸有梅郎识姓名。"齐白石说："势利场中的炎凉世态，是既可笑又可恨的。"而梅兰芳尊师的精神则体现了他不同流俗的人格魅力。

除了齐白石老人之外，梅兰芳在上海还有一位绘画老师。其实还没到上海，梅兰芳就已经和上海国画界有了扯不断的联系。他的第一位绘画老师王梦白就是吴昌硕大师的学生。1914年12月，梅兰芳去上海演出，吴昌硕赠给他一幅《红梅图》，画上有于右任的题词。"九一八"事变之后，梅兰芳搬到上海居住，又遇到一位良师，就是画家汤定之。汤定之应该算是梅兰芳最后一位国画老师。梅兰芳当时每周二、四、六下午准时去汤定之家里学画。

梅兰芳前后两位国画老师：齐白石和汤定之，有一个共同的特点，他们在艺术上成就非凡，在民族大义面前，他们又都表现出"威武不能屈"的精神。看来，梅兰芳不仅学习了他们的画艺，也学习了他们不屈的精神。北京沦陷后，日本人强迫齐白石为他们画画，齐白石老人几番严词拒绝推脱不过，最后愤然画下几只横行的螃蟹，还题上了"看你横行到几时"，气得日本人直说"齐白石太顽固"。上海沦陷后，很快就有汉奸找上门来，邀请汤定之画一幅《还都图》，许以重金利诱；还有汉奸上门做说客，让他参加伪政府。面对大是大非的考验，汤定之一律坚定立场，绝不对汉奸卖国贼和侵略者假以辞色。汤定之本来就善于画松树，仰慕松树不屈服于风雨的高洁品格，从此之后更是经常画松来标明自己的态度。他专门有一方印，上面刻着几个字："天下几人画古松"。汤定之画过一幅古松图赠给梅兰芳，还在上面题写了几个字："四时各有趣，万木非其侪。"这幅画体现了一位老师的良苦用心，他一定是希望梅兰芳能像画中的古松一样，不与恶势力同流合污。梅兰芳没有辜负两位老师的期望，他用实际行动表明自己不负"梅"之高洁。

梅兰芳到香港之后，虽然有画画、吊嗓、羽毛球等活动，但他孤身一人，还是很想念家人，于是每年暑假，梅夫人和四个孩子都会到香港与梅兰芳共享天伦之乐，暑假结束再回上海。1941年的暑假，听说上海的学校风气越来越坏，有钱的富家子弟每天胡天胡地地混日子，根本不学习，一贯重视孩子教育的梅兰芳决定让葆琛、绍武留在自己身边，就近在香港读书。中国人对孩子教育的重视程度是举世闻名的，重视家庭、家长对孩子影响的传统也是源远流长。北齐的颜之推曾经在自己的名著《颜氏家训》中讲了一个故事：齐朝有一个士大夫，曾经不无自得地对颜之推说，他有个儿子，已经十七岁了，对写奏疏、信件很擅长。教给他鲜卑语和弹琵琶，他也学得差不多了。让他用这些技能为高官贵族服务，肯定能得到宠爱。这也是一件要紧的事情啊。当时齐朝的统治者是鲜卑贵族，所以这个士大夫鼓励自己的儿子学习鲜卑语，学习鲜卑贵族喜爱的乐器琵琶。颜之推对这种谄媚外族的行为十分不屑，对自己的儿子说：即使将来能当上宰相，我也不想让你们照这样做啊。梅兰芳对子女的教育，同样坚持自尊、自立的原则，反对当时崇洋媚外的教育倾向。梅兰芳没有让两个孩子报考香港开办的外国学校，也没有让他们报考以外文学习为主的学校，而是让他们报考岭南中学，他说："虽然在外国学校可以多学些外文，但将来的出路只能到外国洋行找职业，当洋奴才。"梅葆琛对当时的情形是这样描述的："为了准备功课，父亲为我们创造了一个良好的学习环境，把我们两人领到一间陈设简单的小房间，两张床和一张两人合用的书桌，桌上已经放好一排书籍，都是考学校需用的国语、代数、几何等课本。父亲说，'这是你们的卧室，考学的书也准备好了。我已替你们排定好了日期，每门功课按次序温习就行。以后我要经常来检查你们温习功课的情况。'就这样我们在他的细心安排和督促下，顺利地完成了一个月的复习计划，考取了岭南中学。"从给孩子择校的事情上，可以看出梅兰芳虽然客居英国人统治的香港，一颗心依然系在苦难深重的祖国。

1941 年秋天，梅兰芳迎来了一个特殊的客人：杜月笙。杜月笙是原来上海帮派组织的头目，在社会上很有影响力，以前和梅兰芳也打过交道。梅兰芳对他来的目的不是很清楚，只好先以礼相待。原本杜月笙是代表重庆方面来邀请梅兰芳去重庆演出。这不同于当初上海日本人的逼迫，但是梅兰芳也不想去重庆演出，因为他对以蒋介石为首的国民政府的抗日态度是不满的。他曾经对好友冯耿光说过，那些在台面上权柄在握的人，面对大好河山被日本人侵占的危急局面，不努力抗战，反而歌舞升平，真是让人看不下去。梅兰芳不愿意去重庆凑这个"热闹"，但他也知道，这个理由不能明说。于是他口气平和地对杜月笙提出了不去的理由：没有剧团，他自己一个人也唱不了戏，而梅剧团还在几千里之外的北平，要是去重庆唱戏，他们也得去。梅兰芳话里的意思，狡猾的杜月笙一听就明白了，当时的情况下，要从敌占区的北平把梅剧团这么一大堆人弄到重庆来，根本是不可能的事情。当下杜月笙也只好说会将梅兰芳的意见转达给重庆那边，告辞离开。

送走杜月笙，梅兰芳和冯耿光说出了心里话："可能他们会有这样的想法，说我梅兰芳贪图享受，赖在香港舍不得走。香港本来不是久居之地，我早就想离开，您看到哪里去好？"冯耿光想了想，便给梅兰芳出了个主意，他说："你既不愿意去重庆，我们何不搬到桂林去住？那里是个风景区，气候也还不错。你如果同意，我可以写封信托中国银行给我们找房子。"梅兰芳此时也没有更好的选择，于是就同意让冯耿光去办这件事情。很快，桂林那边已经做好了准备，而且通过在交通银行工作的许源来把飞机票都订好了。梅兰芳决定一过了年就走，忙着让家里人收拾东西、打包行李。可惜，阴错阳差，很多事情天不遂人愿，正当梅兰芳准备去桂林的时候，却发现更大的考验已经来临，想走也走不了。

1941年12月，正在岭南中学和同学一起读书的梅葆琛发现天空上飞过了一架飞机，他仔细看了看，猛地高声叫了出来："日本飞机！"飞机的机身上有日本国旗，编队对着停泊在海湾里的英国舰队进行攻击，英国军舰用高射炮回击。原来，太平洋战争爆发之后，日军制定了"南方作战计划"，进攻香港就是"南方作战计划"中的"C计划"。日本军队和驻扎香港的英国军队，在维多利亚港连续数天隔海进行炮战，炮弹横飞，香港的居民遭受池鱼之殃。当时梅葆琛和梅绍武都在岭南中学，和家里不通消息。岭南中学在青山，离干德道大概有三十多里路，在这炮火纷飞的时候，怎能不让梅兰芳牵肠挂肚呢！冯耿光和许源来同样十分着急，纷纷建议梅兰芳用汽车去接一下两个孩子。

日本军队占领香港

可是梅兰芳却决定等一等，让这两个人稍安勿躁，他说相信自己的孩子会想办法回来的。多年以后梅葆琛回忆当时的情景："父亲当时十分镇静的原因有三，'一是相信我们的生活能力；二是不愿在别人面前显出自己的不安；三是不愿派车接我们，让自己的孩子比别人特殊。他希望我们和大多数同学一样走集体生活的道路。'"真是知父莫若子。虽然如此，梅兰芳还是一夜都没有睡，一直站在公寓的阳台上，眺望着道路，希望看到两个小小的身影。终于在第二天早上，梅葆琛、梅绍武回到了自己的家。回来才知道，他们和同学老师一起先坐车，再坐小木船，惊险地避开了日军的炮火，平安地归来。

从开始进攻到攻占香港，日军打了十几天的炮，社会上动荡不安。梅兰芳的公寓靠近日本驻港领事馆，就成了暂时的小小避难所。冯耿光夫妇、中国银行重庆分行经理徐广迟、许源来及他的三个孩子，加上梅兰芳和两个儿子、用人，十几个人要吃饭，梅兰芳拿出家里的一点存货，每个人每顿饭都有定量，不能多吃。大家共同度过这一段艰难的时光。梅兰芳除了发愁分配吃的，还要担心大家的安全。公寓东边的房间有几道砖墙，更安全一些，于是梅兰芳让大家搬到东面的房间里，还在窗玻璃上贴了纸条，挂上厚窗帘。没想到即使这样小心翼翼，意外还是发生了。

一天早上，还在睡梦中的众人被一层女仆的尖叫声吵醒了。大家下楼一看，发现墙壁上出了一个大窟窿，再一看，不得了，房子里还有一颗炮弹！一时间，大家惊得目瞪口呆。梅兰芳下楼来一看，赶紧说："还瞧什么？炸了怎么办？赶快想法子把它转移出去吧。"说完就领着葆琛和绍武两兄弟把炮弹扔到附近的山谷去了。这已经不是他们第一次遇到炮弹的威胁了。之前在厨房的墙上也出现了一个大洞，大家紧张地四处寻找，结果在厨师的床上发现了一枚炮弹。梅兰芳赶紧让人把这枚炮弹扔到山谷里了。

这桩意外增加了这个小小避难所里面的紧张气氛，梅兰芳的心情也变得愈发紧张。作为一个旦角演员，梅兰芳本来十分重视自己的形象，任何时候出现在别人面前，都是光鲜整洁，由于在舞台上扮演女性的需要，梅兰芳一直没有留过胡子，即使细小的胡子茬也要用镊子精心地去掉。而跟随他多年的许源来和冯耿光，这几天却发现梅兰芳脸上长出了稀疏的胡须，他们问梅兰芳为什么不刮胡子了。梅兰芳严肃地回答："别瞧这一小撮胡子，不久的将来，可能会有用处。日本人假定蛮不讲理，硬要我出来唱戏，那么，坐牢、杀头，也只好由他。如果他们还懂得一点礼貌，这块挡箭牌，就多少能起点作用。"梅绍武当年和爸爸一起看过卓别林的电影《大独裁者》，这时候看见爸爸留了胡子，便问他"怎么留起卓别林的小胡子"，梅兰芳说："我留了小胡子，日本鬼子如果来了，还能强迫我演戏吗？"多年以后，梅兰芳回忆道："当时只感觉到形势越来越严重，得想个法对付。有一天早晨正对着镜子刮脸，忽发奇想，如果我能长出泰戈尔那样一大把胡子就好了。于是我三天没刮脸，胡子还长得真快，小胡子不久就留起来了。虽没有成为胡须飘洒胸前的美髯公，没想到这还真成了我拒绝演出的一张王牌。"由此可见，梅兰芳蓄须明志是下了很大的决心的。

不久之后，日军占领香港，梅兰芳又重新像在上海一样陷入虎狼之群。该来的总会来，一天上午，有人敲响了梅家大门，这个叫黑木的日本人指名要见梅兰芳。这个人原来在上海担任过当上海社会局的日本顾问，曾经干扰过梅兰芳的《生死恨》上演。《生死恨》在梅兰芳演出过的剧目中有着重要的意义。这出戏改编自明代董应翰的作品《易鞋记》，讲的是北宋末年金兵入侵，士人程鹏举和少女韩玉娘生离死别的故事。梅兰芳想要通过这出戏，唤醒民众，奋起反抗日益严重的日本侵略。1936年2月，《生死恨》在上海天蟾舞台连演三场，广受观众欢迎。黑木对这出戏的抗日倾向十分不满，他找出一个理由：非常时期编演新戏须经审查批准，不再允许演出。当时梅兰芳不为所动，又到南京大华戏院演出了三场，想要买票看这出戏的人太多了，把售票处的门窗玻璃都给挤碎了。有当初这一段故事，梅兰芳知道黑木肯定是来者不善。

见到梅兰芳之后，黑木用一口流利的东北口音说："梅先生，找您可是辛苦。进入香港之后，我们的酒井司令就命令我找到您，找了一天没有头绪，有人说您已经离开香港去了重庆，不过据我们所知，您没有去重庆……直到昨天晚上才有了线索。现在，我真高兴能够见到您。酒井司令想见您，您什么时候有空，我陪您去。"黑木口中的酒井司令，是当时率领日军第 38 师团进攻香港的酒井隆。这是一个双手沾满中国人民鲜血刽子手。酒井隆曾经直接参与制造了 1928 年的"济南惨案"；1935 年他亲自起草了《何梅协定》；占领香港之后，他手下的士兵强奸妇女、屠杀战俘及平民。抗战胜利之后，1946 年 8 月 27 日，南京军事法庭经过三个月的审判，判处酒井隆死刑，9 月 30 日，酒井隆在南京雨花台被枪决。

酒井隆派人来找梅兰芳，肯定没有什么好事。现在梅兰芳已经无法脱身去桂林，他觉得逃避解决不了问题，不如去见一见这位"酒井司令"，看对方葫芦里卖的什么药，对自己又有何企图。他考虑了一会儿，对黑木说："我现在就有空，现在就可以去。"然后他借换衣服为名，到别的房间告诉冯耿光自己要去日本司令部。冯耿光一听就急了，说："您怎么能就这样轻率地跟他去，难道一点也不害怕吗？"梅兰芳回答说："事到如今，生死早就置之度外了，还怕什么？今天不去，早晚也得去，莫非要等他们派兵把我押去不成？"见他如此镇静，冯耿光也不知道说什么好了。当时有一位周先生正在梅家作客，他本来是中国银行的职员，看到梅先生处于这样危险的境地，他挺身而出，对黑木自称是梅兰芳的秘书，要求陪同梅兰芳一起去，希望自己能保护梅先生的安全。

酒井隆的司令部设在九龙的半岛酒店，梅兰芳先是坐车，然后坐船，最后才到达了半岛酒店。梅兰芳先是在一间灯火暗淡的会客室里等，他这一生有多少次在昏暗后台等待开场的锣鼓，等待到灯火通明的前台去，那里有他熟悉的琴声，有爱戴他的观众们，有一个个他倾力建造的美的世界。而这一次，他同样是等待，等待的却是与敌酋面对面的对决。也许在那一刻，梅兰芳的紧张不亚于第一次上台演出。等了好长一会儿，酒井隆这才露面。双方一见面，酒井隆摆出一副老朋友久别重逢的架势，和梅兰芳说："二十年没有见面了，您还认得我吗？我在北京日本使馆做过武官，又在天津当过驻防军司令。看过您的戏，跟您见过面。现在想请你在这儿住几天，请老朋友休息休息。"

梅兰芳见过的人不计其数，其中也包括不少外国人，以前是否见过酒井隆，他自己也不太确定了，只是礼貌性地说："也许见过，可是不大记得了。住就不必了。"两人没说几句话，话题就转到梅兰芳新留起的胡子上面来了。酒井盯着梅兰芳刚刚长出来的胡子，十分惊奇地问道："您怎么留胡子了？像您这样一位大艺术家，留了胡子还怎么上台演出呢？"梅兰芳回答道："我是个唱旦角的，年纪老了，扮相不好看了，嗓子也坏了，已经失去了舞台条件，唱了快四十年的戏，本来也应该退休了，免得献丑丢人。"

梅兰芳的回答显然出乎酒井的意料，梅兰芳以蓄须作为不上台演出的理由，他一时也想不到反驳的理由，更不好用强硬手段逼迫，于是说："哪里，哪里，您一点也不显老，可以继续登台表演，可以登台大大地唱戏。以后咱们再详谈，研究研究。"说完，他吩咐黑木发给梅兰芳一张特别通行证，又说："皇军刚进入香港不久，要办的事情很多。您有什么需要，可以告诉黑木，让他给您解决。"

梅兰芳走出半岛酒店，感到与酒井第一次的交锋结束了，如释重负的梅兰芳想要赶快回家报个平安。可是黑木却一定要梅兰芳去他住的地方坐一坐，梅兰芳推辞不掉，只得跟着他走了。吃完饭，黑木又拉着梅兰芳谈京剧、谈中国戏曲理论，然后又留他吃了点心。晚上九点，梅兰芳见时间不早，恐怕亲友们已经急得不得了了，坚持要回家去。这时候黑木这才又送梅兰芳和周先生过海，再派汽车将他俩送回了家。

冯耿光和许源来早已经在梅兰芳的家里等得火上了房，可当着一屋子人，当着梅兰芳两个未成年的孩子，他们又不得不装出一副镇定的样子，只是在不经意中，总是看表，总是看外面的街道，希望传来汽车的声音。黑黢黢的街道，仿佛隐藏在黑暗中的怪兽的大口，随时可能吞噬无辜的人。梅兰芳是个手无缚鸡之力的伶人，而他面对的，却是现实中凶恶的侵略军。梅绍武问冯耿光，当过义务防空巡逻员的周叔叔是不是会保护爸爸。冯耿光喃喃自语："但愿如此，但愿如此，但愿他们能平安地回来。"冯耿光心里现在万分懊悔，早知如此，当时无论如何也要把梅兰芳拦下来。吃晚饭的时辰早就过了，没人有心思吃饭，大家坐在沙发上等着，一直等着。终于，黑暗中传来了汽车的喇叭声，这些人不知道听过梅兰芳多少次在舞台上一展歌喉，可是这一次，他们觉得这喇叭声才是世界上最美好的声音。

他们赶紧冲出去迎接。梅兰芳一进屋子就说先让他喘口气，稍微镇定了一会儿才把刚才的情况简要说了一遍。在场的人听得无不感觉后怕，万一酒井把梅兰芳软禁起来，那后果不堪设想。

其实，当时想看梅兰芳表演的日本人岂止酒井、黑木，日本内部报刊曾有报道："日本驻上海派遣军司令官松井石根大将想看梅兰芳的舞台表演并派人去找，可是扮演旦角的梅兰芳因留胡子的缘故而拒绝登台。"此后，日本侵略者又展开了花样繁多的邀请攻势，什么"占领香港庆祝会""东京繁荣庆祝会"，甚至汪精卫伪政权回到南京之后的"还都庆祝会"，都想方设法让梅兰芳参加，为他们粉饰太平，掩盖累累的侵略罪行。梅兰芳不是用这个理由搪塞过去，就是用那个借口不出门，艰难地与敌人周旋。有一次，梅兰芳因为上火牙疼，脸肿得厉害，他不但不叫苦，反而高兴地对别人说："这下日本人不能找我演戏了。"赶紧叫人去请医生，趁着自己病情最严重的时候给自己开了诊断证明，以此来拒绝日本人。还有一次，梅兰芳把对付杜月笙的理由搬出来，说自己孤身一个人在香港，没有合作多年的剧团，根本没有办法唱戏。此外，年纪大了，嗓子坏了，等等多种理由都被梅兰芳绞尽心机想出来对付日本人。

在香港最危险的一次拒绝可能要算"还都庆祝会"的事情，南京汪伪政府成立后，想要梅兰芳参加"还都"表演，希望这一位梨园领袖能为他们歌功颂德。这次日本人派出的"梅、兰、竹、菊"四大特务机关之一的"梅机关"，"梅机关"专程派人到香港，无论如何都要把梅兰芳请到南京表演。一开始梅兰芳还用原来的几个理由，可是这次日本人的坚决超过以往，最后逼得梅兰芳没有办法了，只好谎称自己因为心脏病不能坐飞机，才勉强把对方打发走了。

经过这种种事情之后，梅兰芳感觉在香港越来越不安全了，也更加思念之前送往内地上学的两个孩子和上海的家，萌生了离开香港的念头。可是离开香港去哪里呢？去内地的话，日本人肯定不会答应，如果采取偷渡的方式，梅兰芳这个目标又太大了，一旦被抓回来，是非常危险的事情。冯幼伟提出让梅兰芳回上海，理由是梅兰芳的家人都在上海，而且沦陷后的香港和上海一样，都是在日本人的统治之下，与其孤身一人在香港，不如和家人一起在上海。经过一番讨论，大家一致觉得回到上海是一个比较稳妥的决定。可是日本人会让梅兰芳顺利地离开香港吗？

梅兰芳离开香港这件事情还要从 1938 年说起。1938 年的春天，一个下午，梅兰芳和几个朋友去香港告罗士打酒楼喝下午茶。旁边有一个男人对梅兰芳频频注目，这个男人叫作和久田幸助，是日本香港占领军的一名军人，他会说广东话，在占领军中负责与文艺相关的工作，管理电影、戏剧等事物。他当时还不认识梅兰芳，引起他注意的是梅兰芳手上一双雪白的手套。他很奇怪在炎热的香港，为什么要戴手套。后来他才从一个懂京剧的中国人那里知道，梅兰芳因为扮演女性的需要，特别注意保护自己的双手。后来和久田幸助因为协助向香港居民配发粮食的工作，和梅兰芳有了接触。当时日军的方针是很清楚的，那就是集中一切人和物，协助"大东亚建设"。和久田幸助负有这个责任，也必须向梅兰芳提出这种要求，但是他向梅兰芳提出了三个保证。首先是妥切保护梅兰芳的生命和财产；其次是尊重梅兰芳的自由，如果感到不能接受日方的做法，想去重庆的话，立刻无条件放梅兰芳到重庆去；最后，不损害中国人的自尊心，中国人和日本人，站在平等立场互相合作。梅兰芳对此回复说："我所以来到香港，是因为不愿卷入政治漩涡……为了这个缘故我才来到香港，今后我仍希望过安静的生活。如果要求我在电影舞台或广播中表演，那将使我很为难……"

按照和久田幸助的说法，这三个条件是他自己考虑提出的，不是日本军队高层的命令。不管怎样，我们能看出日本人对具有巨大声望的梅兰芳还是有所顾忌，并不愿意完全撕破脸。至于如果梅兰芳真的提出去重庆，日本人会不会放他走，在当时谁也说不清楚。

决心回上海之后，梅兰芳趁一次和和久田幸助闲谈的机会，对他说："我的家原来在上海，想回上海去，希望替我办手续。"

和久田幸助并未多加阻拦，很快梅兰芳就得到了回上海的许可。在日本侵略者眼中，上海无疑是他们侵华的中心之一，梅兰芳回到上海，恐怕更有利于他们的欺骗宣传。

梅兰芳回到上海的过程也不是一帆风顺的，其中的惊险，把在重庆读书的梅葆琛和留在上海的福芝芳惊出一身冷汗。

梅葆琛去往重庆读书之后，收到了徐广迟的照顾。徐广迟是香港中国银行总经理，也是日本人侵占香港后抓捕的对象之一。他认识冯幼伟，由此住进了梅兰芳的公寓躲避。梅兰芳冒着风险保护他的行动让徐广迟深受感动。后来，徐广迟借日本占领当局疏散人口的机会，用假的通行证逃离香港。在离开梅兰芳的公寓之前，他十分感激梅兰芳的见义勇为，表示会永远记住梅兰芳对自己的帮助，如果有需要，也一定会好好照顾去内地读书的梅葆琛。

当时重庆与香港的音讯不通，梅葆琛很难及时得到父亲的消息，后来听说父亲从香港乘船回了上海，可是接下来的消息让他如五雷轰顶：梅兰芳乘坐的轮船被击中了，梅兰芳生死不明。他赶紧到处去打听消息。结果消息五花八门，有的说船是被日本人的炮艇炸沉了，有的说船是被盟军的潜艇炸沉的。梅葆琛越打听越着急，只好每周末都到徐广迟那里，希望能得到一点父亲的确切消息。有一个星期天，梅葆琛又来到徐广迟的家里面，两个人正在说话。门外来了两个人，是徐广迟的朋友，从香港和上海来看望他。几个人寒暄了一番，在一旁的梅葆琛顾不得

上海外滩

礼貌，赶紧向他们询问自己父亲的消息。他这才知道，梅兰芳已经回到了上海，安然无恙，之前传闻中的沉船完全是子虚乌有。这个传闻也把在上海的梅夫人福芝芳吓坏了，为此还患上了面部神经抽搐。一天，马斯南路梅家的大门推开了，一个又黑又瘦的男人走了进来。福芝芳定睛一看，这个长着胡子的男人不就是自己丈夫梅兰芳嘛。她含着眼泪说："我听说你的船被打沉了，一下就晕过去了，没想到还能再见到你。"

　　回到上海以后，梅兰芳的处境依然危险重重。此时的上海，特务、汉奸、日本人活动猖獗。梅兰芳心里清楚，他们一定不会放过自己，目前只是暴风雨前的平静。何况即使没有人来找麻烦，梅兰芳的麻烦也够多的了。回到上海以后，梅兰芳的生活更加困窘了。只会演戏的梅兰芳长期没有商业演出，也就没有了经济收入，现在家里大大小小十几口人要吃饭，要生活，一开始依靠的是原来积攒的一点钱。后来只能靠变卖北京的房子、古玩字画等等。就是这样，也支撑不了多长时间。断绝了经济来源，钱不会从天上掉下来，每天开门七件事，茶米油盐酱醋茶，却是一天也少不了的。唱戏挣得多，可是花销也大，这时候的梅兰芳已经不能不用信用透支的方法维持生活，银行看在他的名声上，给他开了个账户，可以预先透支一些钱，然后再还上。梅兰芳曾苦涩地对朋友说："真是笑话！我在银行里没有存款，支票倒一张一张地开出去，算个什么名堂？这种钱用得实在叫人难过。"福芝芳的母亲和梅兰芳他们一起住，一年除夕夜，老人感觉好容易过一个年，也比较高兴，一高兴就想起来家里原来有一个古董瓷碗，每到年节的时候都会拿出来用。她就在家里左翻翻右找找，本来家里的东西变卖得都差不多了，可是就是找不到。梅兰芳问清楚老人想找什么，就悄悄把她拉到一边："老太太，别找了，早就拿它换米啦！"

梅兰芳遇到经济困难，很多上海的剧院老板都觉得这是一个机会，如果能将梅兰芳拉出来唱戏，那绝对是日进斗金的生意。他们一个个都跑到梅兰芳的家里，这个说，梅老板，你出来唱出戏，价码随您定；那个说，只要您出来唱戏，保证不会有什么麻烦。还有的说，上海的观众等梅兰芳的演出很久了，而且业界的同仁也很关心梅兰芳的经济状况，等等。梅兰芳一开始还是好言好语地拒绝，可是后来，来劝的人越来越多，好脾气的梅兰芳也发火了，他对家里人说明自己的心意：绝对不能因为生活困窘就放弃不为日寇演出的原则，一开这个口子就不得了了！

剧院老板们是打发走了，可是生活还过下去，没有经济来源怎么办呢？梅兰芳在上海的几个画家朋友吴湖帆、叶玉虎都鼓励他，觉得他可以尝试卖画，既能筹措到一部分金钱，同时也不用抛头露面。像冯耿光这些朋友也觉得这是一个好办法。梅兰芳思来想去，也只好试一试。梅兰芳对待画画像对待舞台艺术一样认真，虽然他之前已经有了很好的基础，可是他总觉得自己的水平还不行，还需要进一步的磨炼。朋友们看他这样认真，纷纷将自己珍藏的陈老莲、新罗山人、恽南田、方兰坻、费晓楼等诸多名家的真迹借给他。梅兰芳反复临摹，提高自己的绘画水平，他主要画仕女图和花卉，这一阶段水平有了突飞猛进的增长。

那时的上海被日军占领，虽然梅兰芳一家住在法租界，但因供电不足，随时都要停电。但白天事务嘈杂，梅兰芳习惯在晚上夜深人静的时候作画，有时还要画到天亮后才休息，他就买了一盏铁锚牌汽油灯，停电时挂在墙上照明。那时候，孩子们不在身边，剧团也不在身边，家中的一切开支全靠梅兰芳辛苦作画而生。不但要养活全家，而且要养活朋友，真是不易呀！福芝芳的母亲心疼他，每天晚上都要亲自给他送点心，好让他吃饱有精力画。有一次，进了书房，老太太看见他正在用纱布裹手，问他怎么了？梅兰芳也不说话，后来才知道因为画的时间太长，人太疲倦了，给灯打气时手碰在灯上，烫伤了一大块皮肤。这一烫，梅兰芳整整一个星期没办法画画了，在他十分珍惜的手指上也留下了一个疤痕。梅兰芳有时候会对别人开玩笑地说："这是我在艰难岁月里学画的纪念。"有时候许姬传陪他在书房里看他作画，许姬传一觉醒来，东方已经发白，梅兰芳还在伏案工作。许姬传劝他多休息休息，梅兰芳高兴地说："我当年演戏找到窍门后，戏瘾更大，现在学画有了些门径，就像小孩子得到点心一样高兴。"许姬传说："你这样总是不睡觉，会把眼睛熬坏的。"可梅兰芳说："我是一个演员，一个演员正在表演力旺盛的时候，现在却因为环境恶劣，不得不告别了舞台生活，我的苦闷真是说也说不出来。前天还有戏馆老板揣着金条来约我唱戏，广播电台又时时来纠缠我，我连嗓子都不敢吊。我画画，一半是维持生活，一半是借此消遣，否则我真要憋死了。"话虽如此，长时间的工作还是让梅兰芳的脸又黄又瘦，越来越显得苍老了，可梅兰芳性格倔强，从不在外人面前流露，更不伸手求人，真是叫家人和朋友心疼啊！

1944年端午节，汤定之、吴湖帆、李拔可、叶玉虎、陈陶遗等几位画家朋友在梅兰芳的书房聚会，大家看了梅兰芳这一段时间画的画，都为他高兴，觉得他的画很有进步，不负之前下的苦功夫。朋友们兴致勃勃，七嘴八舌地给梅兰芳出主意。收藏家李拔可说可以开一个展览会展示一下了；书画皆精的吴湖帆说，叶玉虎现在画竹子的兴致正高，可以和梅兰芳合开一个展览会；汤定之说这个主意不错，可以让他们两个人合画梅竹，或者"岁寒图"；陈陶遗说可以找人在画上题词，以壮声势。梅兰芳听到大家的话，十分高兴，更加努力地作画，为展览积攒画作。

1945年4月，上海福州路的都城饭店，梅兰芳与叶玉虎合办的画展开幕了。这次展览上有梅兰芳的一百七十余件作品，包括佛像、仕女、花卉、翎毛、松树、梅花，还有他与叶玉虎合画的梅竹，和吴湖帆、叶玉虎合画的《岁寒三友图》等等。这次展览可以说是非常成功，绝大部分画作都被售出，有些抢手的画作，比如说《双红豆图》《天女散花图》等等，原作被买走之后，马上有人预定，让梅兰芳再画几幅。展览结束之后，梅兰芳自己也十分兴奋，他对前来帮忙的朋友们说："举办这次画展，使我的画技大大提高了一步，蓄须拒演过程中苦闷孤独的精神有所寄托，同时在经济上帮我渡过了难关。"

梅兰芳去世后，举办过一次"梅兰芳艺术生活展览"，展出了他大量的遗画，其中很多是在抗日战争时期画的，其中有一幅摹姚茫父的《达摩面壁图》，那是他1945年春天的作品，梅兰芳在画上题写道："穴居面壁，不畏魍魉。壁破飞去，一苇横江。"梅兰芳虽然身处日寇汉奸的环绕中，但他"不畏魍魉"，对未来充满了信心，坚信自己的民族会赢得胜利，自己也会赢得胜利。

虽然通过卖画，解决了一些经济问题，可汉奸却不是那么好打发的，最要紧的还是他们要逼梅兰芳出来演戏。之前有小汉奸上门以百根金条的条件诱惑梅兰芳出来唱戏，被梅兰芳严词拒绝。1942年秋天，一天梅兰芳正和冯耿光、吴震修两位朋友在家里讨论时局，家里的用人报告说有人要见梅先生。梅兰芳以为又是剧院老板，不想再和他们费口舌了。可是用人说对方看上去来头不小，怎么也不肯走，说是见不到梅先生就一直在这儿等下去。梅兰芳无可奈何，和冯耿光、吴震修一起下楼到书房见客。

来人身材不是很高大，但隐隐有练武之人的一种气势。通报姓名之后，梅兰芳才知道来人是褚民谊，著名的大汉奸。褚民谊早年曾经参加过孙中山领导的同盟会和国民党的革命活动，还曾经在南京政府担任过行政院秘书长的职务，当时人就讽刺他只会踢毽子、放风筝、当票友唱戏。他的妻子陈舜贞是汪精卫岳母的养女，由于这层关系，他和汪精卫的关系非同一般。汪精卫叛国投敌组织伪政府之后，他出任了所谓"外交部部长"。这次他到梅兰芳家里来，可见之前那些小喽啰是不管事了，要亲自出马。褚民谊开门见山，他说当年年底会举办"大东亚战争胜利"周年庆祝活动，邀请梅兰芳以团长身份参加，还让梅兰芳去南京、长春、东京等地巡回演出。

梅兰芳用手指着自己的胡子说："我已经上了年纪，嗓子也不行了，早已退出舞台了。"褚民谊笑着说："胡子可以剃掉嘛！嗓子吊一吊也是可以恢复的。这个我明白。"梅兰芳知道对方来者不善，他毫不畏惧地回应道："我听说您一向喜欢玩票，唱大花脸唱得很不错。我看您作为团长率领剧团去慰问，不是比我更强得多吗？何必非我不可！"这句话一出，就算褚民谊的脸皮再厚，也不禁红一阵白一阵，也想不出什么话来把梅兰芳驳回去。他知道自己这趟也算白来了，只好讪讪地说了两句不痛不痒的话，灰溜溜地告辞走了。

冯耿光、吴震修一开始看到是这个大汉奸，觉得梅兰芳这次凶多吉少，没想到梅兰芳几句话就把褚民谊对付回去了，都感到十分佩服，连连称赞道："畹华，你可真有一手！"梅兰芳想了一会儿说："我想他们是不会就此善罢甘休的。"

梅兰芳环顾自己的书房，在墙上有一幅字和一张画。一幅字是清代书画家、扬州八怪之一的金冬心用隶书写的四个字"梅华书屋"。褚民谊的书法也很好，1939年的时候他还曾经应上海难民救济协会的邀请，写了五百副对联，作为义卖之用，可是今天他却充当了这样一个不光彩的角色，一个人的艺术与人格又怎么能分开呢？金冬心一生画的最多的就是梅花。"雪虐风饕愈凛然，花中气节最高坚。"陆游这样描写梅花的坚贞不屈。梅兰芳自己何尝不是一株迎风傲雪的梅花。还有一张画是汤定之老师送给梅兰芳的《古松图》，老师的希望不言而喻。梅兰芳在这间书房里曾经排演过《抗金兵》和《生死恨》，那都是号召人民反抗侵略的戏，当时是多么轰动啊。现在自己在这里面对汉奸的威逼利诱，和当初排演爱国剧目一样，都是为了民族的伟大抗战。他只有竭尽自己所能去努力，不负这梅花与青松的鼓励。就像梅兰芳自己说的，"他们要庆祝的，就是我们的耻辱；他们要笑的，我们该哭，我怎么能唱这个戏呢！"

奴才失败之后，主子自然要出面。华北驻屯军报道部部长山家少佐当时掌管文教，气焰熏天，有个外号叫"王爷"，他命令《三六九》画报社社长朱复昌继续逼迫梅兰芳出来。哪怕不演戏，也要露一露面。朱复昌是一个典型的文化汉奸，为日本占领军的宣传服务，《三六九》画报报道过一些戏曲界的消息，他也趁机浑水摸鱼。在北京，朱复昌就曾经逼迫马连良前往东北，为伪满洲国所谓的"纪念建国十周年"演出。这一次，他为了完成山家少佐的任务，吸取了之前各路汉奸碰壁的教训，决定不与梅兰芳面对面谈。他听说主管梅剧团业务的姚玉芙从上海回到了北京，就跑到姚玉芙亲戚王瑶卿的家里，命令他转告梅兰芳，让梅兰芳出来讲一段话，"梅兰芳不能登台唱戏，那出来讲几句话总没有问题吧。"

当初梅兰芳去香港之后，梅剧团就是姚玉芙从香港带回到北京的。姚玉芙回到北京之后，同样面临着经济上的困境，从草厂七条搬到甘井胡同，又搬到安福胡同，住的房子越来越小。姚玉芙常说："汽车越坐越大，房子越住越小。"由于他在戏曲界的声望，有同行请他担任一个名誉团长，来去自由，也不用负什么责任，演出的时候甚至都不用去戏院看。开出的条件是每演一场戏给姚玉芙二百元。当时的二百元可真值钱。两千元就能买一间不错的小四合院了，要是买白面，二百元能买四十多斤的白面一百多袋。可是姚玉芙不为所动，他已经下定了决心，只要日本侵略者还在一天，他就不出来工作，绝不为日本鬼子做事。有人来找他出山，他就说梅先生不唱了，他也不干了。

现在面对朱复昌，姚玉芙说："唱不唱是梅先生自己的事情，我没权做主。"朱复昌马上接话说："那咱们一起去上海找梅先生，飞机票包在我身上，和梅先生当面说，咱们说走就走。"说完他就走了。当时王瑶卿就问姚玉芙："你说畹华能出来唱吗？"

姚玉芙说："不能，如果唱了营业戏，可以得到些收入。但是那些什么祝贺日军胜利，什么大东亚共荣圈等内容的戏唱不唱？决不能唱，所以不出山是上策。"

　　虽然这么说，朱复昌还是逼着姚玉芙和他一起到了上海。见到梅兰芳之后，他先是从经济上劝说梅兰芳，他说："梅先生，你带着这么一大家子人，不演戏没有收入怎么行呢？何况还有剧团的同仁要你帮衬着。没有收入，坐吃山空是不行的，何况你还有两个孩子要上学呢？"梅兰芳说："我年岁也大了，身体也不太好，长期不登台嗓子也不行了。朱先生从北京远道而来，好意我心领了，戏我是唱不了的。"朱复昌一看梅兰芳的态度很坚决，知道软的不行，于是又来硬的。他说："我这次来是奉了日本军部的命令，'满洲国'成立十周年了，汪（精卫）主席为了表示祝贺，特意让我来请梅兰芳先生做团长。您上不上台唱戏都没有关系，只要当团长就行了。去完'满洲国'还可以去日本嘛。到时候一定会受到比您上次去日本更热烈的欢迎。"随后朱复昌又威胁姚玉芙，最好劝劝梅兰芳答应这件事，要不然日本军部可不会答应，姚玉芙和梅兰芳两个都脱不了干系。

　　朱复昌走后，梅家陷入了一片沉默之中，梅兰芳知道这次是自己抗战以来遇到的最危险的事情，究竟该怎么摆脱呢？当时梅兰芳的表弟秦叔忍也在梅家，他看大家都很为难，犹豫了半天说："我有一个主意，只是不知道合适不合适？"姚玉芙说：

"都这个时候了，你还吞吞吐吐的干什么，有什么主意赶紧说出来，让大家商量商量。"秦叔忍说："我这个主意说不定能奏效，就是比较危险。"梅兰芳说不管危险不危险，现在的情况也只能死马当活马医了。秦叔忍说："表哥你从小不就有个毛病吗？一打伤寒预防针就发高烧，高烧得厉害。如果给你打上一针，发起高烧来，这样的话日本人还能找你去当团长吗？"他这话一出，大家都沉默了。现在这时候，这可能是没有办法的办法了，但最后的决定权只在梅兰芳手里。梅兰芳想了想，最后决定由吴中士来为自己打针。吴中士是梅兰芳的私人医生，当然知道梅兰芳的这个特点。同时也知道这样做不仅会严重影响梅兰芳的身体健康，一旦掌握不好，是会有生命危险的。他劝说梅兰芳想一想别的办法。梅兰芳坚定地对他说："我已决心不为他们演戏，即使死了也无怨言，死得其所。"这些话让吴中士潸然泪下，梅兰芳的这种精神让他感动万分。后来，梅葆琛回到上海，听吴中士讲述了这件事情，吴中士依然很激动，他转述了梅兰芳的话后对梅葆琛说："他真是一位名副其实的英雄，我真是佩服至极。"

为了保证确定会发高烧，梅兰芳让吴中士给自己打了三针伤寒预防针，然后他果然发起了高烧。姚玉芙拍电报给朱复昌，告诉他梅先生病了，没办法当团长了。朱复昌把这件事情汇报给山家少佐。山家少佐觉得一去邀请梅兰芳，梅兰芳就生病，怀疑其中有诈，于是立即通过电报通知上海的日军，让他们派出一名军医查明情况。十一月的一天，一名留着小胡子日本军医来到梅兰芳的家。他看到梅兰芳躺在床上，双目紧闭，脸色很难看。这名军医仔细检查的结果是，梅兰芳高烧高达四十二度，而且还有伤寒症状，需要长期的修养和调理，确实不能出任团长。这个结果报告到山家少佐那里，他才讪讪地不再提起这件事情。

漫漫八年，梅兰芳不断地与日寇汉奸周旋，不惜以生命为代价进行抗争，终于等到了胜利的一天。1945年8月10日，重庆市无线广播电台播出了"日本政府接受《波茨坦宣言》无条件投降"的消息。千千万万的重庆市民涌上街头，胜利的欢呼山呼海啸，连珠炮似的鞭炮声将整个山城震动。人们乘坐卡车在市区行驶欢呼，群众手持火炬各处游行。在梅兰芳居住的上海，1945年8月11日这天清晨，街头上已经可以见到零零星星的胜利旗帜，街道两旁的墙上已经贴满了密密麻麻的标语，庆祝胜利的、反日寇反汉奸的。在8月10日的夜里，莫斯科广播电台向海外全力播报了日本投降的消息，在上海的抗日地下组织一夜之间将这些标语都贴了出来，鼓舞了上海人民。

梅兰芳家同样沉浸在胜利的喜悦之中。大家都坐在一起分享胜利的喜悦，诉说着这些年的苦难和现在的幸福。这时，梅兰芳穿着西装，一身整洁地从楼上走了下来，他和大家一样精神焕发，不过奇怪的是用一把扇子挡着自己的嘴。朋友们问他在干什么。梅兰芳笑着说："我要给你们变个戏法。"说着把扇子一撤，大家这才发现梅兰芳的胡子已经没有了。梅兰芳又可以开始唱戏了，1945年10月10日，梅兰芳在上海兰心剧场八年后再返舞台，虽然嗓音、身段还没恢复到最佳状态，依然受到了观众的热烈欢迎。梅兰芳不唱戏憋了八年，八年是多么漫长的时间，一下子就把一位正值鼎盛的艺术家变成了一位五十二岁的老人。梅兰芳的心情是无比激动的，既有对过去八年时光的缅怀，又有对胜利的喜悦，还有对观众的诚惶诚恐：

"沉默了八年之后，如今又要登台了。诸君也许想象得到，对于一个演戏的人，尤其像我这样年龄的人，八年的空白在生命史上是一宗怎样大的损失，这损失是永远无法补偿的。在过去这一段漫长的岁月中，我心如止水。留上胡子，咬紧牙关，平静而沉闷地生活着。一想到这个问题，我总觉得这战争使我衰老了许多。当胜利消息传来的时候，我觉得浑身充满着活力，我相信我永远不会老，正如我们长春不老的祖国一样。前两天承几位外籍记者先生光临，在谈语中问起我还想唱几年戏，我不禁脱口而出道：'很多年，我还希望能演许多许多年呢。'

"因为要演戏，我充满着活动的情绪。吊嗓子、练身段，每天兴冲冲地忙着。八年了，长时间的荒废，老是那么憋着，因为怕被人听见，连吊吊嗓子的机会都没有。胜利后当我试着向空气中送出第一句唱词的时候，那心情的愉快真是无可形容。我还能够唱，四十年的朝夕琢磨还没有完全忘记。可是也许生疏了，能满足观众的期望吗？这一切大概不成问题。因为我这一次的登台，有一个更大的意义，这就是为了抗战的胜利。在抗战期间，我自己有一个决定：胜利以前我决不唱戏。胜利以后，我又有一个新的决定，必须把第一次登台的义务献给祖国。现在我把这点热诚献给上海了。为了庆祝这都市的新生，我同样以无限的愉快去完成我的心愿。

"我必须感谢一切关心我的全国人士。这几年来您们对我的鼓励太大了，您们提高了我的自尊心，加强了我对民族的忠诚。请原谅我的率直，我对于政治问题向来没有什么心得。出于爱国心，我想每一个人都是有的吧？我自然不能例外。假如我在戏剧艺术上还有多少成就，那么这成就应该属于国家的。平时我有权利靠这点技艺来维持生活，来发展我的事业，可是在战时，在跟我们祖国站在敌对地位的场合下，我没有权利随便丧失民族的尊严，这是我的一个简单的信念，也可以说是一个国民最低限度应有的信念。社会人士对我的奖饰，实在超过了我所可能承受的限度。《自由西报》的记者先生说我'一直实行着个人的抗战'，使我感激而且惭愧。"

梅兰芳先生保持了他一贯的谦虚。对于梅兰芳这种"威武不能屈，贫贱不能移"的高尚民族气节，人们给予了无限的崇敬和景仰。著名画家、作家丰子恺写过一篇怀念梅兰芳的文章，他在文章中感叹道："茫茫青史，为了爱国而摔破饭碗的'优伶'有几人欤？"如果没有威武不能屈之大无畏精神，梅兰芳怎么能坚持到抗战胜利呢？梅兰芳不会未卜先知，他不知道到了1945年8月15日，日寇一定投降。怀着必胜的希望去蓄须

密苏里号战舰上日本代表签订投降协议

抗战，忍受暂时的困苦，以博爱国荣名，那当然很容易。但梅兰芳不知道，当时抗战局势危急，即使将来会胜利，违抗日寇当时就可能有杀身之祸，这愈发显出梅兰芳人格的伟大。著名作家柯灵也说："上海沦陷期间，豺狼当道，魑魅横行，对人是一场灵魂和意志的严格考验。艺人卖艺聊生，只要不沾泥带水，原也无伤清白；略迹原清，过檐低头，也不同于倚门卖笑。梅兰芳树大招风，能做到独立不弯，冰雪无欺，在祖国危难中，陷身沟壑，坚定不移地捍卫民族气节和艺术尊严，不能不说是太难能可贵了。"

面对赞誉，梅兰芳先生从来不觉得自己高人一等，他只是将这看做一个中国人应该做的，而且比起浴血抗战的战士来，他甚至觉得自己做得还不够。他在1959年写的入党申请书里说：我在抗战时期有点爱国表现，党肯定我，人民鼓励我，我感到莫大安慰。我知道，党和人民鼓励我，是体谅我当时的实际处境，能够保持气节，觉得难能可贵。可是我认识到自己做得还是很不够的。……特别比起那些为中华民族解放事业和人民解放事业而英勇奋战、流血牺牲的文艺战士，我感到惭愧，我今后要向他们学习。

梅兰芳抗战八年中，蓄须明志，坚决不与日本侵略者同流合污，面对种种威逼利诱，不惜牺牲视如生命的艺术生涯，不惜以卖画和典当度日，不惜冒生命危险注射防疫针装病，体现了中华民族最宝贵的气节。

四、东渡日本，传播友谊

　　除了美国之外，梅兰芳对外访问最成功的国家就是日本。
1918 年冬天，梅兰芳已经是中国第一流的戏剧演员了，他的名
声逐渐从国内传到了国外，在北京的外国人也开始注意到这位
年轻的艺术家，他们向自己的祖国发回了关于梅兰芳的消息。
日本作为与中国文化交流最密切的国家，在对梅兰芳的介绍上
也不曾落后。日本最具影响力的媒体《读卖新闻》称赞梅兰芳
扮演女性的艺术堪称京剧史上的第一人。徽班进京以来男扮女
装的第一人，其一颦一笑和一腔一势，均让中国京剧锦上添花。

　　1919 年初，日本财阀大仓喜八郎及汉学家龙居濑三来拜访
梅兰芳。大仓喜八郎既是著名的实业家，也是有名的东洋美术
收藏家，对戏剧、书道也有研究。大仓喜八郎提到梅兰芳可以
去日本举行一次演出。龙居濑三对中国文化颇有研究，之前多
次看过梅兰芳的演出，每一次他到北京都会去看梅兰芳。大仓
喜八郎也是因为他渐渐对京剧有了兴趣。龙居濑三曾经写过文

章向日本介绍梅兰芳，文章中高度评价了梅兰芳："梅兰芳的技术高妙不必谈，就他那面貌之美，倘到日本来出演一次，则日本之美人都成灰土了。"这种意见在日本引起了争议，反而给梅兰芳做了广告。梅兰芳之前就怀有一个心愿：把中国古典戏剧介绍到国外去，听一听国外观众对自己的看法。而日本与中国一衣带水，文化相通，比较容易理解中国的戏剧艺术，而且梅兰芳对日本的传统歌舞伎也有兴趣。种种因素促成之下，梅兰芳于 1919 年 4 月东渡扶桑，开始了他第一次日本之行。

　　日本对梅兰芳的来访十分重视，很多行李不加检验就放行，在日本国内铁路旅行也是完全免费的。梅兰芳抵达东京站时，日本各大报社都派出记者采访，梅兰芳艺术生涯中常见的欢迎人群水泄不通的景象又出现了。梅兰芳演出了《天女散花》《黛玉葬花》《贵妃醉酒》等拿手剧目，获得了巨大的成功，日本观众在演出结束后还久久不愿离去。各大报纸都登出了梅兰芳的大幅照片，梅兰芳的形象开始深入到普通日本人的心中。当时甚至还有评论说："有这一双手，其余女人的手尽可剁去。"梅兰芳演出的票价昂贵，超过日本歌舞伎票价一倍，但还是一票难求。梅兰芳在东京一直演出了半个月，后来又在大阪、名古屋和神户等地巡演，效果同样出色。在神户，梅兰芳还把演出所得的票款捐给了当地华侨开办的戏校。

　　梅兰芳的第一次日本之行非常成功，受到了日本各界的推崇与赞扬。梅兰芳在日本的演出，展现中国古老文明与艺术的光辉，此时的日本人大多对中国人持轻视态度，梅兰芳的出现让日本人知道，中华文化的底蕴深厚，中国人未可轻视。

1923年9月，日本发生关东大地震，遭受严重损失。梅兰芳听说之后，举行了义演，将所得全部捐献给了日本红十字会。大仓喜八郎再次邀请梅兰芳访日，包括日本艺术家守田堪弥、田嘉久子、松本幸四郎和中村歌右卫门在内的日本各界人士也纷纷来函。于是梅兰芳在1924年再次赴日演出。这次规模要比第一次更加宏大，梅兰芳带来了新排练的剧目《黛玉葬花》《金山寺》，日本评论界认为梅兰芳的表演是无与伦比的。日本报纸评论说：以前日本的艺术界唯欧美的马首是瞻，对欧美艺术亦步亦趋。现在梅兰芳两次赴日演出，刷新了众人的耳目。梅兰芳的京剧艺术是东方艺术的杰出代表，他的表演艺术征服了日本的观众，日本艺术界重新认识了中国京剧的价值。在梅兰芳的影响下，很多日本艺术团体开始学习梅兰芳，多次改编梅兰芳的剧目，比如著名的宝冢歌舞团就曾经将梅兰芳的《贵妃醉酒》搬上了歌舞剧的舞台。

1956年夏，接受朝日新闻社等团体的邀请，梅兰芳率领京剧演出团第三次前往日本东京、福冈、八幡、名古屋、京都、大阪等地作访问演出。这次出访是在周恩来总理的直接关怀之下实现的。周总理对梅兰芳说："这次组织中国访日京剧代表团去日本，请你带队辛苦一趟。"梅兰芳回答说："我照您的指示去办。"周恩来看出梅兰芳心中有顾虑，毕竟两国之间经过了长期的战争。后来周总理又给梅兰芳上了一课，他说："我看你心里有疙瘩。当然啦，你是爱国的艺术家，现在到日本演出，送戏上门，可能有点想不通。要知道，当初侵略中国的是一小撮法西斯反动军阀，这些人，大部分已经得到应有的惩罚。我们中国访日京剧代表团到日本旅行演出，是唱给日本人民听，日本人民和中国人民一样，都是在战争中受害的，我们要对他们表同情，他们也一定欢迎我们。请你把扣子解开，愉快地带队前往，希望你们能凯旋。"梅兰芳听了周总理的话，心情变得舒畅了，回到家笑着把这件事告诉了自己的妻子福芝芳，决心把总理交代的工作做好。这次访问不仅是艺术上的交流，回应一年前市川猿之助率领日本歌舞伎访华团的来访，同时也具有重大政治意义。访日代表团可以打开中日两国人民友谊的大门。

　　三十二年之后，梅兰芳又一次踏上日本的土地，他第一次到日本是从北京坐火车经朝鲜去的，第二次是从上海坐船由海上去的，这一次参加中国访日京剧代表团是绕道香港坐飞机从空路去的，三次看到的景象都不相同，受到的欢迎则同样热烈。虽然天气很热，但日本东京羽田机场上还有很多侨胞拿着中华人民共和国国旗在那里挥舞，飞机着陆之后，欢迎梅兰芳一行的日本朋友和侨胞热烈地拥上来，许多位女士、儿童穿着艳丽的衣服，送出娇红嫩白的花束。人群中有几个人热情地向梅兰芳招手，原来是前两次来日本见过的老朋友。有几位老朋友从人丛中伸出头来向梅兰芳打招呼，人群的欢笑声压过了主人欢迎的致辞和客人的答谢词。

朝日新闻社的负责人远山孝先生陪着梅兰芳出了机场，坐汽车前往下榻的帝都饭店。这间饭店环境幽雅，闹中取静，对于休息来说是十分适宜的。梅兰芳刚到旅馆安顿好，主人立花盛枝就到他的房间进行问候，他第一句话就问梅兰芳："您还记得我吗？"梅兰芳说："面善得很。"立花盛枝说："当年您到美国去演出的时候坐的是日本邮船秩父丸，我就在那艘船上担任事务长，我在船上还看到您的戏，可是那只船在第二次世界大战中沉掉了。"说着他从随身携带的皮包里拿出一张照片，照片上有一艘船，立花盛枝说："这就是秩父丸，送给您留为纪念吧！"

5月30日晚上，京剧代表团在东京歌舞伎座做第一场演出，全体团员都穿得十分整齐，准备为在日本的表演开一个好头。本来日本的屋子里面铺的是榻榻米，进门之后是要脱鞋的，但是这次团员们并没有被要求脱鞋。他们往地上一看，原来细心的主人在榻榻米上铺了一层薄薄的地毯，这样的话中国的客人就不用脱鞋了，另外化妆间里面所有的桌椅都是新的，朝日新闻社的朋友告诉梅兰芳说，所有这些家具都是为代表团定制的。众多的舞台工作者已经提前安排好了道具，布置好了灯光。主人还准备了一些适合中国人口味的包子、饺子和炸酱面，放在专门开辟的饭厅里，演员们都说比在国内唱戏还舒服。梅兰芳的老朋友市川猿之助的一座大镜台也特意摆在梅兰芳的化妆室供他使用。市川猿之助是歌舞伎役者代代相传的家名，接待梅兰芳的是第二代市川猿之助，他和梅兰芳是几十年的朋友了。房间里面还挂着一张画，画的是一个正在舞蹈的美人。猿之助先生把这幅画指给梅兰芳看，解释说："这张画上的美人，身份就类似您今晚表演的杨贵妃，也十分尊贵。"演出之前有一个隆重的开幕式，朝日新闻社的代表白石凡做了开幕演说，欧阳予倩也讲了话。那天梅兰芳最后出场表演的是《贵妃醉酒》，前面袁世海、李和曾表演《将相和》，李少春、谷春章表演《三岔口》，江新蓉、江世玉表演《拾玉镯》。梅兰芳的《贵妃醉酒》配角也是一流之选，姜妙香扮演裴力士，孙盛武扮演高力士，八位宫女是侯玉兰、江新蓉、徐玉川、梅葆玥、张雯英、陈丽华、严慈春、吴素英。

　本来演出之前，梅兰芳和团员还多少有一点顾虑：不知道日本的观众对中国的古典戏剧是否能够全盘接受？那天东京大学的教授仓石武四郎十分热心，将上演剧目的剧情翻译成日文，用幻灯片打出来，帮助日本观众理解。但是一上台演出，大家立刻感受到观众的热情。观众虽然不懂中文，但是从他们热烈的鼓掌和喝彩声来看，他们十分欣赏团员们的表演，甚至对京剧特有的上马、开门、过桥、登楼等虚拟动作，也能够大概理解，每当剧情发展到高潮都有强烈的反映。演出完毕之后，梅兰芳带领着团员们多次谢幕，各界的朋友纷纷上台献花，台下的观众有节奏地鼓掌表示感谢。场面十分热烈，台上的演员和台下的观众打成一片，产生了对艺术宝贵的共鸣，整个演出的氛围十分友好。

演出中还有一个小插曲，梅兰芳正在演出的时候，突然从观众席的三楼上传来一声怪叫，接着飘飘荡荡飘下来好多传单，传单有的落在观众的身上，但是观众视这些传单为空气，丝毫不为所动，仍然聚精会神地看梅兰芳的表演。而梅兰芳自己也丝毫未受影响，他的演出取得了很好的效果，台下的日本观众和华侨随着梅兰芳的舞动而情绪起伏，让人感到台上台下打成一片，产生了深深的共鸣。第二天《读卖新闻》报道了这件事情，代表团的翻译将报纸上的内容讲给梅兰芳听："有些坏小子向梅兰芳的舞台上扔反共传单，这些混蛋像垃圾一样，在任何角落里是总有一些的。"代表团的副团长孙平化同志捡到了几张传单，拿给梅兰芳看，上面第一句话说："抗日的梅兰芳先生为何来到日本？"梅兰芳看了就笑了，也不再看，把传单撕碎，随手扔到便桶里去了。在随后的记者招待会上，梅兰芳义正词严地说："我是新中国的艺术家，是为了增进中日人民友好、维护世界和平而来的。我爱我们伟大的祖国和人民，一切破坏友好的活动，损伤中国艺术家的尊严的阴谋，都是徒劳的。"在归途经过台湾的飞机上，梅兰芳对姜妙香说："如果遇到飞机迫降，我就跳机，绝不做俘虏。咱们殉啦！"经历过朝鲜战争战火的梅兰芳，怀着对祖国坚定不移的感情，不惜用生命维护自己和祖国的尊严。

梅兰芳在东京还表演了《霸王别姬》，这出戏体现了他在剧目的编排上的精益求精。他在国内演《霸王别姬》的时候，为了便于外国友人理解，经常只演巡营、舞剑两场。这次来到日本演出，本来也准备照以前的方式演出。但在旅途之中，梅兰芳和欧阳予倩对剧目进行了仔细的讨论，认为日本的情况和其他国家不同，因此表演方式也应该有所不同。代表团演出剧目的时候，既应该精简，又应当照顾到故事的完整性。所以梅兰芳在演出《霸王别姬》的时候，从霸王坐帐开始，一直演到乌江自刎。为了达到更好的演出效果，梅兰芳和扮演霸王的袁世海，以及其他同场演员仔细地反复排练，力求达到更好的艺术效果。经过他们的努力，6月1日《霸王别姬》在歌舞伎座演出后，当霸王与虞姬分别的时候，观众被感动到落泪，艺术效果十分好。市川猿之助先生全家都在包厢观看梅兰芳的演出，最后猿之助先生还亲自登台献花。

梅兰芳演出在日本广受欢迎，原本1800日元的票价，黑市卖到了1万日元。不少日本议员也忙里偷闲来看戏。一些梅兰芳前两次访日时看过演出的老人，经常等候在梅兰芳的必经之路上，希望能再看看他的风采。梅兰芳在长崎市为渔民演出，在八幡市为钢铁工人和他们的家属演出，为广岛战争受害者举行义演，一万多名观众中有两千多人是站着看完演出的。有统计说光是6月1日这一天晚上，就有将近三百万观众通过电视机观看了梅兰芳的演出，有些人家里没有电视机，就跑到有电视的餐馆看，有不少餐馆一到梅兰芳演出的时间就挤满了工人和市民。著名演员大谷对梅兰芳说："你们这次在日本演出获得巨大成功，这种盛况是空前的。"在八幡市表演的时候，是将体育馆改装为舞台。从上午九点开始，观众就在门口等候入场，到下午三点，排队排了有一公里那么长。池子里和看台上五千多个座位已经坐满了人，还有好多站着看的。好多工人是刚刚下班，带着自己的饭盒来看演出的，还有不少是工人的家属、家庭妇女、青年学生，有些是从附近的城市赶过来的。这在日本是前所未有的盛况。

除了演出，梅兰芳和代表团十分注意与日本各界人士的交流。梅兰芳这一次日本拜会了自己老朋友市川猿之助的家。市川猿之助有五十多年的表演生涯，他深深知道演员在经过一个阶段的演出之后，最希望的就是放松身心，随心所欲地休息一下。所以市川猿之助特意邀请梅兰芳和代表团团员们，在结束东京第一阶段的演出后到家里做客。猿之助的家在风景优美的山腰里，是日本传统样式的房子。猿之助先生夫妇以及家人打着雨伞到门口迎接梅兰芳和代表团的演员们。猿之助家庭院里的树上挂着彩色的带子，猿之助指着彩带说："树上挂着的彩带，名叫'七夕带'。日本民间传说，在松树和竹子上挂了它，象征着牛郎织女一年一度的会面，同时祷告祈福，实现每个人的愿望。"猿之助先生的话含有这样的意思：希望中日友好，不

梅兰芳在舞台上

必像牛郎织女一样每年只能相见一次。梅兰芳和代表团的团员听后露出会心的微笑，欧阳予倩激动地说道："今天的聚会是中日两国艺术家和两国人民友谊的集中表现。我想，真挚的感情，不是一道银河可以阻挡得住的。"天色暗下来了，雨也住了，猿之助一家人，猿之助先生和夫人、猿之助的弟弟、儿子以及女儿、孙子，都穿上华贵鲜艳的和服，忙里忙外，热情地招待着每一位客人，把客人带到席位上。今天是家宴，主人们和客人们交叉坐在一起。大家一边饮酒，一边相互交流，探讨着艺术上的问题。不拘形迹地漫谈起来。主人预备了丰盛的菜肴，看得出是精心准备的：鱼翅、鲍鱼、干贝、烤鸭，各种美味的菜肴不断地端上来。梅兰芳向主人夸赞说，这场宴席和北京的谭家菜相比，也是毫不逊色。就在酒宴进行到酒酣耳热的时候，忽然听见院子角落里传来三弦的叮当声，原来是鹤贺治贺大夫，他一边唱一边走，演唱的是日本民歌《流新内》。他的声音苍凉沉郁，充满了感动人的力量。座上的主人和客人都停下筷子，也不再说话，静静地领略歌声，体会着其中日本古代人民抑郁不平之声。当宴会进行到最高潮，猿之助先生举起杯祝酒："去年我们在北京分手的时候，就盼望在东京见到你们，这一天居然来到了。今天能够在我家里招待各位，我心里的高兴，简直是无法形容的。"梅兰芳举杯回礼，祝愿中日两国人民的友谊松柏常青。

饭后，大家余兴未尽，市川猿之助邀请他们到另外一个房间，这个房间是专门为排练演出而设置的。猿之助为中国朋友表演了日本古典舞《浦岛》，这段演出来源于日本古代人民的海上生产和生活，有许多复杂细致的身段，表现钓鱼、出海等情节，充满了生活气息。这段表演让梅兰芳想起了在北京曾经观看过赣剧老艺人表演的弋阳腔《江边会友》。《浦岛》《江边会友》两种不同国家的艺术，却有着异曲同工之妙，值得相互借鉴和学习。市川猿之助表演完之后，他的儿子和孙子表演了《擒弁庆》。这出戏有点类似于京剧的《锁潭州》，那是岳飞收杨再兴的故事，梅兰芳当年还曾表演过杨再兴的角色。

梅兰芳和团员们观看完主人的演出之后，重新回到原来的客厅里，这时候刚才的残杯剩盏已经都收拾干净了。主人端上了茶水，大家坐在一起品茶。从庭院的花草中飞出星星点点的流火，原来是许多流萤。猿之助的夫人说："这些流萤本来生长在长野县，它们不是自己飞到这里来的，而是我们特意去收集的，让它们作为不夜的银花，点缀我们这个嘉会。"临别之时，猿之助夫人为代表团的成员每人准备了一件和服，用纸仔细地包起来，上面写好了每个人的名字。猿之助夫人还亲手教女客人如何穿睡衣。这次访问给代表团的每位成员都留下了深刻的印象，很多年以后他们还津津乐道。

除了市川猿之助，梅兰芳还拜访了著名歌舞伎演员中村雀右卫门的夫人中岛志加，曾经在第二次访日时为自己治疗急性肠胃炎的医生今井泰藏的家人，园林学家龙居松之住，画家福田眉仙，傀儡戏演员吉田文五郎，围棋大师吴清源等等，全面促进中日文化交流，其中发生了很多感人的故事。

梅兰芳刚一到东京，就在欢迎会上看到了吴清源。吴清源是当时日本围棋界第一人，他来自中国，中国代表团的来访对他更有一种亲切感。梅兰芳自己也学过几天围棋，但是后来为了将精神集中在戏曲事业上，听朋友的劝说，就没有继续深入学习下去，这次能见到吴清源，也十分高兴。吴清源热情地欢迎来自中国的客人，当即邀请梅兰芳到自己家里做客。梅兰芳访日的行程安排得十分紧凑，当时抽不出时间，于是约定在外地演出回到东京之后，再见面详谈。箱根的演出结束之后，梅兰芳回到东京，再次联系吴清源，推谢了别的活动，约定一个下午在帝都饭店见面。代表团里对围棋最感兴趣的要数许姬传，他每天都看日本《读卖新闻》上的围棋棋谱，也和梅兰芳一起在饭店里等候吴清源的到来。等到下午两点的时候，吴清源穿着一身灰色中山装来了。梅兰芳后来回忆他的样子十分平和，进门之后就向自己介绍同行的《读卖新闻》负责围棋专栏的多贺谷信洒。

宾主落座之后，吴清源说起梅兰芳这次来日本的演出十分成功，他自己小时候曾经和自己的祖母一起看过梅兰芳的演出。当时的吴清源还只有十二岁，记忆却很深刻，三十年过去了，他还记得是在北京大方家胡同一位李先生家里见过梅兰芳。吴清源这样一说，梅兰芳也想起当时的情景了。当时李先生正好请客，他本人喜欢下围棋，也招待客人下围棋。梅兰芳进门的时候，看见一位少年正在和一个老先生下棋，显得成竹在胸的样子，一边下棋，一边吃旁边果盘里面的糖果和花生，每次落子的时候非常果断快捷，没有过多的思考。而对面的老先生却要经过很长时间的考虑，才能走一步棋。梅兰芳见到这种情景心里暗暗称奇：这个小孩子小小年纪，竟能和大人下棋而如此轻松。这时候主人过来招呼梅兰芳，看他正在关注棋局，就悄悄对梅兰芳说："您别看这是个小孩子，但是棋力已经非常深厚，这盘棋他已经赢定了，是一个前途不可限量的人才。"没想到这么长时间过去了，两个人在日本又相遇了。

梅兰芳和吴清源说起自己当初学习围棋的事情。吴清源说，确实，要真正学好围棋必须要有专业化的精神，业余玩玩，可以当做消遣，但要精益求精，一是自身要有学习围棋的天赋，二是要有名师指点，两者缺一不可。而且围棋和京剧一样，讲究的也是童子功，棋手必须从小就开始严格的训练和培养，才有可能达到职业的水准。吴清源还感慨地想起以往顾水如先生对自己的培养。顾水如当时是中国的一流棋手。吴清源还是小孩子的时候，就在棋社中和顾水如下过棋，顾水如惊叹吴清源在围棋方面的天赋，在各方面对吴清源多方培养，对吴清源的成长帮助很大。

吴清源向梅兰芳介绍了日本围棋的现状，讲述了自己学习中日两国围棋之长，才能有今天的成就。吴清源和顾水如学习围棋的时候，顾先生就让他同时学习中国和日本的棋谱，吸收双方的优点，融会贯通，变成自己的东西。吴清源学习了中国围棋攻杀的力量，学习了日本围棋灵活多样的布局，两种围棋传统哺育了他的成功。梅兰芳深以为然，因为他自己学戏的经验也是一样：从艺术前辈们身上学习了很多东西，同时又想办法把这些好的东西在继承的基础上发扬光大。梅兰芳感叹道，各种艺术形式都是相通的。

梅兰芳和许姬传向吴清源介绍了新中国成立之后恢复发展的情况，吴清源深感振奋，他说，"围棋是中国的国粹，历史有三千多年。日本的围棋是唐朝时从中国传过来的。我想在祖国的伟大建设中，围棋也应该是人民文化生活中的一种艺术活动。我希望您回去后向文化当局建议，选派几位有围棋天才的青年到日本来留学，年龄最好不超过十六岁，我一定用全力照顾他们，提高他们的棋艺水平，回国之后，将围棋这门古老的艺术发扬光大。"梅兰芳答应回国后一定转告，并且邀请吴清源到中国访问。

分别的时候，吴清源向梅兰芳赠送了精装本的《吴清源围棋全集》，还有一只果绿色七宝烧花瓶，梅兰芳回赠的礼物是《舞台生活四十年》《梅兰芳剧本选集》《宇宙锋》《贵妃醉酒》画册，以及自己的演出照片。

有些朋友几十年后能够再见，有些则留下了深深的遗憾。1924 年，梅兰芳第二次访问日本，在京都演出。演出完之后，应日本电影公司的邀请，拍摄了《廉锦枫》和《虹霓关》两场电影，整整忙活了一整天。拍摄完成之后，为表示感谢，日方邀请梅兰芳吃日式火锅。梅兰芳多吃了一些牛肉，返回住处之后又多喝了几杯浓茶，结果半夜里就生了病，肚子疼得不得了，最后已经陷入了昏迷。日本朋友找来了京都的名医今井泰藏，他诊断梅兰芳是劳累过度之后暴饮暴食，属于急性肠胃炎。今井泰藏精心地照料梅兰芳，在梅兰芳痊愈之前，从未离开过病人一步。梅兰芳对今井泰藏的工作十分感激，病好了之后到今井泰藏的家里吃饭，还和今井医生的家人一起合影留念，合影的人里面就有今井泰藏六岁的女儿京子。通过这件事情，医生和病人结下了深厚的友情。今井泰藏坚决不收梅兰芳的诊费和礼物，他认为医生治病救人理应得到酬劳，但是比起金钱，他更重视友谊。梅兰芳坚持要表达自己的谢意，最后今井泰藏推辞不过，说自己喜欢中国的翡翠，梅兰芳实在过意不去的话，再来日本的时候可以给他带一对翡翠袖扣，当做纪念品。时间虽然已经过去了很久，但是梅兰芳心里一直记着这件事情，这次来日本之前，已经提前把翡翠袖扣买好了。到日本之后，梅兰芳托日本朋友打听今井泰藏的下落，结果在东京没有找到，又托人去大阪和京都等地寻找。在大阪演出的时候，有人告诉梅兰芳说已经在京都找到了今井泰藏的下落，第二天准备在京都著名古迹天龙寺见面。梅兰芳听到这个好消息十分兴奋，一夜都没有睡好。

　　第二天一早，梅兰芳和其他团员一起坐汽车从大阪出发，到京都的天龙寺游览。梅兰芳一到天龙寺就想尽快见到今井泰藏，走进寺院里，迎面走来一位日本女子，她走到梅兰芳跟前，深深地施了一礼。梅兰芳虽然不认识她，但是觉得有些眼熟，好像在哪里见过一样。她说："梅叔叔，您还认识我吗？我是京子啊。我听说您要来天龙寺，今天早上我就在这里等您了。"说着，她掏出了一张照片，原来是梅兰芳和今井泰藏一家的合影。梅兰芳恍然大悟，原来是当初只有六岁的小姑娘京子。他一边和京子握手，一边说："这张照片我也还保存着，这次还带到日本来了。当时在你家照这张照片的时候，你才刚刚六岁。那时候我病得很重，要不是你父亲精心治疗，我已经……"梅兰芳一提到今井泰藏，京子的眼睛就红了，她说自己的父亲已经去世十三年了。梅兰芳当时就愣了，没有反应过来。京子说父亲常常想起梅兰芳，看到报纸上有梅兰芳的消息，一定会仔细看清楚，还会说给京子听。今井泰藏一直等着再见梅兰芳的一天，但是他没有等到。梅兰芳听见老友的故去，十分难过，对京子说："你的父亲当初说喜欢中国的翡翠袖扣，我这次来特意给他带了一对。可是他没有等到我。过几天我就要来京都演出了，到时候我一定要亲自把这对翡翠袖扣放到你父亲灵前，这样才能表达我的心意。"京子见梅兰芳这样重视和自己父亲的友谊，心里也十分感动，对着梅兰芳又深深地鞠了一躬。旁边的日本朋友也被梅兰芳跨越时空的友情所感动，梅兰芳对他们说，自己当年的情况十分危急，今井泰藏可以说对自己有救命之恩，

124

所以自己和他不仅仅是患者与大夫的关系，同时也是朋友的关系，完成朋友的心愿是应该的。

除了演艺界和文化界人士、老朋友们，梅兰芳在日本还和新闻界有很多接触。演出间隙，朝日新闻社在帝国饭店招待中国访日京剧代表团全体演员。梅兰芳对这个饭店十分熟悉，他第一次到日本的时候就住在这里，日本大地震之后来东京演出也住在这里。这是他三十多年后又一次故地重游。之前和他一起来过的只有姜妙香、霍文元两位，其他人都是第一次看见这座古老的建筑，相比现代化的高楼大厦，灰色砖石、赭色墙面的帝国饭店让大家感到十分新奇。有的团员说："这房子很特别，好似一座古堡。"梅兰芳笑着和他解释："这座建筑物，我很熟悉，它的特点是基础厚重宽大，上面比下面狭小，和中国砌造城墙的方法有些相似，房子的底盘特别大。每一幢屋宇都可以独立存在而又连接相通，有点像北京大住宅的布局。建筑主要是用砖和一种分量极轻的石头建成的。屋宇前后都有宽阔的院落，每一个院落里都有宽大的水池，里面经常有水，在大地震的时候灭火用。1923 年，日本发生大地震，帝国饭店正是因为这样独特的结构，才没有像周围的建筑一样被烧毁。"听到梅兰芳说得这么神奇，团员们都感兴趣起来。有人问为什么别的建筑不能按照帝国饭店的方式设计，不然不也能一样在地震中幸存了吗？梅兰芳看大家兴致这么高，给大家讲了一个当年帝国饭店修建时候的故事。

当时修建帝国饭店的时候，特意从外国请了一位著名的设计师。但是当设计师设计好之后，出钱的股东发现如果按照设计师的设计来建造，成本将远远高出预算，就想要放弃这个方案。最后帝国饭店的董事长拍板决定采用这个方案，他对股东们说的理由是：设计师对建筑是权威，我们这些人不懂建筑，应该听取专业人士的意见。

大家听了之后，纷纷赞同这位董事长的意见。不知不觉之间，梅兰芳和团员们已经走进了帝国饭店的大厅。这一天出席的嘉宾除了朝日新闻社的朋友，社会各界的代表人士，还有许多外国使馆的朋友。其中一位使馆人员会说中文，而且很久之前就欣赏过梅兰芳的演出，他十分好奇地问梅兰芳，如何能常葆青春，一点也不见衰老呢，是不是有什么养颜的秘方呢？如果有，还请不要吝惜，和大家分享一下。梅兰芳一听就笑了，真诚地回答说："我没有什么养颜的秘方，如果说我看上去还比较年轻，那是因为我们的国家。这些年我们的国家比过去强大了，人民的生活比过去安定了。这让我心里十分高兴，不知不觉地就忘记自己已经六十多岁了。我们团里还有很多二三十岁的年轻人，和他们在一起，也让我感觉越来越年轻了。"

梅兰芳这次带领中国的京剧艺术团来日本，除了促进两国的友谊之外，也不忘和日本的同行一起进行艺术交流。抽出一天下午，梅兰芳带领团员一起参观了早稻田大学的演剧博物馆。早稻田大学是欧阳予倩的母校，他这次是故地重游，校方照顾他有风湿痛的痼疾，特意给他安排了轮椅坐，让他能够和其他人一起顺利地参观。早稻田大学里的这个演剧博物馆是为了纪念坪内逍遥而设立的。坪内逍遥是日本著名的剧作家、小说家、评论家、翻译家。主人向梅兰芳一行人介绍坪内逍遥对日本戏剧贡献巨大，影响力深远，日本的现代戏剧几乎都有他的参与，因此被尊称为"日本戏剧之父"。这座博物院就是在坪内逍遥收藏的基础上建立起来的。这间博物院里面梅兰芳最感兴趣的就是陈列的戏剧版画，这种版画是浮世绘风格，具有强烈的东方民族特征，十分精美细腻。梅兰芳之前曾经和陈师曾老师专门学过画，对这种描绘风土人情的风俗画十分喜爱，自己还曾经收藏了几张，今天能亲眼看到这么多藏品，心情也十分愉快。

参观博物院不仅给梅兰芳和团员们带来了艺术上的享受，同时也引起了他们诸多的回忆。梅兰芳看到了一面屏风，上面画的是松树，觉得十分眼熟，仔细一看才发现是自己第一次来到日本的时候留下的画迹。屏风背面还有市川团十郎的题字。梅兰芳不禁想起了上次来日本时候的种种情景，包括和自己合作过的、已经故去的多位日本演员，感慨万千。同行的袁世海更是在一个不起眼的角落里，发现了自己十三岁时候演出的照片，这可是十分珍贵的史料。这张照片上的袁世海全身穿戴戏装，他感叹当时小孩子学艺是多么不容易。欧阳予倩也发现了自己几十年前的照片，那是他年轻时候送给日本友人的照片，还有自己留学期间戏剧表演的照片。照片上的人还十分青涩，照片外的人已经白发在鬓。

虽然身在异国，看着日本的戏剧博物馆，梅兰芳想到的还是中国的戏剧博物院，是中国自己的戏剧艺术。当时在国内已经有了建设戏剧博物馆的计划，但是梅兰芳深感速度还不够快，内容还不够丰富。中国的戏剧艺术博大精深，有悠久的历史和丰富的内容，不仅有作为国剧的京剧，有"百戏之祖"的昆曲，还有秦腔、越剧、评剧等大大小小的地方戏曲。故宫博物院中就藏有大量的戏曲资料，梅兰芳知道的就有高腔、昆腔、二黄、梆子等剧种的演出剧本，还有各式各样的舞台演出资料。不仅有文字资料，还有众多的实物资料，比如演出时候的服装、道具、头饰、布景等等，都是中国戏剧的宝贵财富，值得好好地保存起来。

访日期间，梅兰芳和团员们除了共同出席活动之外，时常在一起谈天，聊来日本的感受，讨论怎样更好地完成自己的任务。有的时候他们会讨论日本能剧、狂言和中国戏剧的区别，从中吸取艺术的营养。有的问题，梅兰芳还会对大家进行讲解，他向大家介绍能剧和狂言的时候说：这两种戏剧是日本最古老的艺术形式了。几十年前梅兰芳来日本的时候也看过这两种戏的表演，当时他就问日本的朋友，能剧和狂言是从哪里起源的。对方介绍说，这还没有确定的说法，有人认为能剧是日本本土产生的，有人认为是从中国的元杂剧中得到了启发。至于狂言，唐代参军戏对其产生有重大的作用。有的时候，大家会聚在一起讨论代表团在日本受到的欢迎。梅兰芳想起第一次来日本的时候，虽然已经有了广播电台，但是电台广播对京剧这种表演艺术还不是很合适，这次来演出，已经有了电视转播，可以让更多的日本普通民众欣赏到中国京剧团的表演。不仅仅在住宅里，就连很多有电视机的旅馆、饭馆，都在转播梅兰芳京剧的时候对外开放，变成了小型的剧场，几百万人共同观看中国京剧团的表演。虽然如此，但是日本本地的剧场正受到电影院的巨大冲击，东京有上千家影院，只有几家剧场。虽然日本人还是很喜欢传统的戏剧艺术，不过戏剧界的人士已经感觉到了生存和发展的压力。很多歌舞伎座的演员工作压力很大，每个月要演出二十五天，每一天要演出两场，每一场要出场两次，一个月里剩余的五天就在路上奔波，赶到下一个演出的场地。即使这样辛苦地工作，扣除给剧院的钱和演出的税费，也只能维持基本的生活，难以有更多的精力投入到戏剧的研究和改良中。相比之下，梅兰芳认为第一次来日本的时候，日本的戏剧演出更繁荣一些。当时他来日本的经费完全是自己拼凑和借贷的，在商业上冒着很大的风险，谁也不知道在日本的演出是否能受欢迎。那次成功之后，才有了后来去美国、欧洲等地的巡演。

这一次再来日本，受到了更为热烈的欢迎。很多日本朋友称赞梅兰芳和代表团的表演焕然一新，从剧本、服装到演员的表演，都显示出了新的气象，体现出了新的精神面貌，表现出了高度的思想性和艺术性，取得了巨大的成功。梅兰芳的回答是：中国京剧代表团的成功与日本各界朋友的帮助和支援是分不开的，这种感人的友情双方应该长久地铭记下去。梅兰芳这种说法不是客套，而是真诚地表达自己的感受。日本观众不仅表现出空前的热情，同时对表演提出的一些建议，同样对改善演出效果有很大作用。就像梅兰芳说的那样：这些建议是中国京剧代表团访日的艺术收获。观众是照出演员优缺点的一面镜子，能忠实反映出演出的成败，如果一个演员能够虚心地接受意见，分析批判，加以改正，就能在艺术上不断提高。例如《秋江》和《三岔口》两出戏都很受观众欢迎，但是他们也有意见，认为这两出戏的内容和后面的布景不大协调。《秋江》讲述的是江上的故事，演员在前台有大量的船上动作，包括摇橹、掌舵、解缆绳等等，表现出江上的小船在风浪中不断摇摆晃动的过程。《秋江》的背景布上原先画的是波澜壮阔的大江。观众认为与演员们的动作不是很协调。《三岔口》原来的背景是敦煌图案，和剧中演员摸黑打斗的动作也不和谐。京剧代表团吸取观众的意见之后，将这两出戏的背景都改为素幕。改完之后，梅兰芳还特意跑到前台去看，确实比以前要好。中国京剧代表团就是这样，不断地在实践中改进创新，努力完成自己交流使者和文化大使的任务。

结束了全部演出和访问活动之后，7月16日的下午，中国访日京剧代表团在东京帝国饭店招待日本各界名流和侨胞，用隆重的话别酒会为日本之行画上圆满的句号。当时代表团一共邀请了近千名客人，被邀请的人几乎全都到场了。梅兰芳和欧阳予倩一直站在大厅门口和每一位客人握手寒暄，会场上放着京剧《锦庭乐》《万年欢》《柳摇金》的曲调。八十六名代表团团员都在招呼着客人，三三两两地和客人们说着话。有的用中文笔谈，也有的写诗赠别，互相交换小礼物。

六点钟客人到齐了，梅兰芳站在大厅中央一个木台上致词，在致词中他感谢了日本朋友的深情厚谊，也表达了中日两国人民友好的共同愿望。梅兰芳非常激动，讲得也非常好，不时引起阵阵掌声。担任翻译的苏琦说："这次到日本我给您当了好几次翻译，今天您讲的话最受欢迎，不仅来宾感动，连我也一阵心酸，想要哭似的。"梅兰芳说你翻译得好，能把这种深厚的感情表达出来。梅兰芳感动人心的演讲是这样的。

各位先生、亲爱的朋友们：

中华人民共和国访日京剧代表团承朝日新闻社的邀请来到日本以后，在东京、福冈、八幡、名古屋、京都、大阪等几个大城市进行了访问演出，现在已经圆满闭幕了。我们来到日本之后，在生活中和演出中受到主人无微不至的招待和大力的帮助，并且受到欢迎委员会诸位先生的热情接待，这次日本文艺界、产业界、新闻界也给了我们很大的关怀和鼓舞。请允许我代表全体同仁表示衷心的感谢。

在我们的演出过程当中，得到歌舞伎剧座市川猿之助先生派来的许多位朋友，还有俳优座、前进座派来的朋友们的帮助，他们都以忘我的劳动，自始至终、日以继夜地参加工作。

还有东京、福冈、八幡、名古屋、京都、大阪各地的前后台全体工作人员，为我们的演出都尽了很大的努力。

此外，在前后台帮忙的，还有各界朋友们和各学校的男女学生们。

还有我们的侨胞们，发挥了高度的爱祖国的热情，对我们代表团表示深切的关怀，他们也和劳而忘倦的日本的朋友们一样，用积极行动给予了我们有力的支持。还有负责警卫的朋友们，在我们所到的地方，都为我们布置得非常周到。就是旅馆里负责招待的朋友们，为我们准备伙食的大师傅们以及交通方面负责的朋友们，都直接间接为我们的演出尽了力量。

我们这次演出得以顺利完成，是和以上所说的许多的朋友们的帮助分不开的，他们从不同的方面、不同的部门、不同的角度来帮助我们，合起来就成了一个整体，发生了很大的作用，这是非常令人感动的。

我们受到了日本各界盛情的招待。我们作为一个外国的演出团体，特别受到了日本国会的招待。我们所到的地方，都受到了广大群众的欢迎。这表现的是什么？这就是中国、日本两国人民友谊的具体表现，而且很显然，这种友谊在今天无论从哪方面看，已经有着很大的发展，这种友谊不是泛泛的，而是真诚的，是深厚的，是符合于两国人民的共同愿望的。我好几次听见日本朋友说，中日两国人民的心已经在交流，这就是有力的证明。

我们这次除了演出以外，还游览了日本的许多名胜古迹，还到许多地方参观过，观摩了日本优秀的古典民族艺术，并且和艺术界、学术界的朋友进行了多次的座谈。我们深深感到日本是一个美丽的可爱的国家，它有悠久而优良的文化传统。日本人民是勤劳、勇敢、富于智慧、富于艺术才能、尊重友谊、有崇高的爱国精神的人民。有很多地方我们应当向日本人民学习，我们彼此之间也可以互相学习。

去年以市川猿之助先生为首的歌舞伎剧座访问了中国，今年我们又带了中国人民的古典戏剧艺术来到日本。事实证明，这种艺术上的交往，对促进两国人民之间的友好是起了重大作用的。今后，这样的交往必定会一天天增多，一天天加强，这需要我们大家来继续努力！

现在我们在贵国的演出已经结束了，就要动身回国去了，今天在这里以无限惜别的心情和各位见面。各位对我们的深情厚意，我们是很难用言语来表示感谢的。我们只希望和各位经常有见面的机会，但是，我们希望下次再有机会到日本的时候，不必从北到南，再从南到北，而是极容易、极便利、极迅速地来到日本。要知道，我们两个国家的地理也和两国人民的心一样是很近的，不是很远的。我们回国以后，一定珍重地把日本人民对中国人民的深厚友情传达给全中国人民！

梅兰芳排演剧目

最后，祝中日两国人民友谊合作更加巩固，祝各位先生身体健康！

告别酒会一直进行到将近八点钟，有客人开始陆续告辞了。中国代表团的全体团员从楼梯排到门口，排得整整齐齐，送别每一位客人。梅兰芳、欧阳予倩和下午一样，站在门口送别每一位客人，一一和他们握手致意。

正当离别的情绪达到高潮的时候，大厅里的灯光突然灭了，可能是哪里的电路出了故障，大厅里一片漆黑，什么都看不见了。这时会场的人还是很多，突如其来的黑暗还是让大家有些紧张。但很快，大家就唱起了歌，无论是日本人还是中国人，大家的歌声越来越响亮，唱的是《东京——北京》和《东方红》。还有的人招呼人去找蜡烛，也有的用打火机照明。梅兰芳几十年的舞台生涯，多次遇到种种突发情况，早已养成了处变不惊的气度。他知道，在这种时候，越是惊慌失措地乱动，越会坏事，还会影响到其他人，于是就静静地站在原地等待。这时候，有一个高大身影向梅兰芳这边移动过来，一个熟悉的声音说："梅先生，欧阳先生，请坐下，你们放心，有我在你们身边，不要紧。"原来是俳优座的千田是也先生赶过来安慰他们，他的夫人岸辉子站在欧阳老背后，两夫妇一前一后紧紧地保护着来自中国的客人。此时在黑暗中亮起了点点星火，那是工作人员拿来了蜡烛，借着烛火的光，梅兰芳看见了千田是也严肃的表情，虽然是身在异乡，但友谊的温暖让他不禁有流泪的冲动。五分钟之后电路修好了，现在一片光明，在场的人爆发出欢呼声，每个人都将紧张的情绪释放出来。梅兰芳同千田先生夫妇紧紧握手，感谢他们两位对自己的特别关心。魁梧高大的千田先生，让梅兰芳想起来京剧界的前辈杨小楼先生，梅兰芳和杨小楼合作过很多次《长坂坡》，对杨小楼的表演与形象印象深刻，他想：如果千田先生是一位中国演员，一定也是个出色的赵子龙。

新加坡《南华早报》这样评价梅兰芳和他的日本之行："梅兰芳的声望已经远远超越中国的国界。日本人民崇敬梅兰芳，不仅是崇敬他的伟大艺术，重要的是崇敬梅兰芳高尚的人格。特别是战争时期他为自己的祖国而拒绝前来日本演出一事，不但没有减弱他在日本的影响，反而提高了梅兰芳这位超越国界的艺术大师的声望，归根结底，是梅先生的民族气节赢得了成功。"

梅兰芳三次赴日演出，去美国、苏联和欧洲诸国巡回演出，扮演了中国文化使节的角色，向世界展现了自尊、自爱、自强的中国人形象，他高尚的人格和他精湛的表演一样，给世界各国人民留下了美好的印象。

开国大典阅兵

五、在新中国重新开始

　　1949年10月1日，毛泽东主席在北京天安门城楼上庄严宣告："中华人民共和国成立了！"从此以后，梅兰芳在新中国开始了一段新的人生。在旧中国，虽然梅兰芳社会地位高，也得到了社会各界的认可，但是梅兰芳深感旧社会对艺人的歧视与侮辱，对新生的政权怀有深切的希望，正如他在政协会上的发言："我看清楚了，解救中国的真正力量是共产党领导的人民革命。"新中国成立以后，原来"唱戏的"成为"戏曲工作者"。梅兰芳亲身经历了这一过程，他参加第一届文代会，受到了毛泽东主席的接见，毛主席还风趣地对梅兰芳说："梅先生，你的名气比我大呀！"

　　几个月前的一天，平时就人来人往的前门火车站聚集了更多的人，大家时不时翘首向火车来的方向张望，好似在等一位重要的客人。前排站着十几位穿着正式、精神抖擞的人，他们的脸上带着期待，随着时间的推移也有一丝焦急。如果是常听戏的人，一看这几位，立刻能认出来：尚小云、荀慧生、谭富英、萧长华、裘盛戎、袁世海、李少春、叶盛兰、叶盛章……当今北京京剧界的一流人物全都到了，谁有这么面子让这些人都来接呢？想一想就知道，只有梅兰芳先生。梅兰芳先生要回京的消息一传开，不少热情的观众也来了，据说有几万人来迎接，而当时全北京也不过七八十万人。时间一久，大家等得未免有点焦急，正在这时，远处传来微弱的声音，有人开始喊："来啦！来啦！"火车由远及近，慢慢停稳，在大家注视的目光中，梅兰芳走下火车，和同行们一一见面，和群众挥手致意。整个前门火车站人山人海，梅兰芳几乎寸步难行，这种热情梅兰芳一路之上都遇到了，但回到他生于斯长于斯的土地，还是让梅兰芳也不由自主地激动起来。

这一趟旅行给梅兰芳的感受也很深，一路之上，只要是停车的地方，他都会受到热烈的欢迎，而且这些欢迎更多来自普通的群众，"我由上海到北平，参加全国文代大会，沿途所见的气象都是新鲜的，光明的。我坐津浦车北上，每站都有工农兵大众来欢迎，他们对我那种诚恳热烈的态度，简直描写不完。我感到这和过去时代各地戏院里观众对我喝彩的情况大大不一样了。"

随着新中国的诞生，梅兰芳的事业也发生了重大的变化。最明显的就是看梅兰芳唱戏的观众变了，从原来的官僚贵族、文化名流、遗老阔少，变化为更多、更基层的普通劳动者，变化为以前很少接触过的工农群众。梅兰芳自己说，以前他只在北京、上海等少数几个大城市演出过。新中国成立后他到过全国的十七个省进行演出。梅兰芳已经是快六十多岁的老人了，可是新中国一片欣欣向荣的景象激发了他的热情，他努力为更多的观众提供艺术享受。

早在1945年5月底，梅兰芳就已经在上海南京大戏院演出三天，他面对的是从未看过他戏的一群特殊观众——解放上海的人民解放军指战员们，受到了热烈的欢迎。1950年底，为了支援皖北人民抗灾，梅兰芳发起了义务演出，他亲自上阵为灾民筹款。1950年5月26日，这是上海解放一周年的日子，梅兰芳当天还有商业演出，但是为了参加对解放军的慰问演出，他连妆都没有卸，直接坐着汽车过来，终于赶上了演出。此后梅兰芳还为救济上海失业工人、遭水灾的难民等等做了义务演出。1951年秋天，梅兰芳率领剧团，到东北沈阳、长春、哈尔滨等多个城市为观众演出。梅兰芳看到久违的东北，感慨万千，当年他不愿为伪满洲国演出，绕道前往苏联，今天他站在自己的土地上，为人民群众演出。早在1925年3月，梅兰芳就来过东北了，当时东北军阀张作霖五十寿辰，办了一次盛大的堂会，北京很多著名的京剧演员都被邀请过来演出，梅兰芳自然也在其中，他和杨小楼一起表演了《霸王别姬》，同行的演员中还有余叔岩和程砚秋等人。这一场精彩的演出，在当时也是轰动一时，可是这一次，更加广大的普通观众能看到梅兰芳的戏，这让他十分高兴。

除了旧地重游，梅兰芳还去了很多之前没有去过的地方，让更多的人能看到自己的表演。1958 年 5 月，梅兰芳带着他的梅剧团到太原演出。之前梅兰芳已经在西安演出二十多场，这次来到太原，消息一出，很多人奔走相告，演出的票很快就卖光了。受条件所限，每天的零售票只有两三百张，为了让更多的观众能看到梅兰芳先生，每个人限购两张。当时是一票难求，很多观众头一天晚上就在剧场门口排队，希望能抢到一张票。有些观众没有买到票，就直接写信给梅兰芳先生，说明情况之余，还附上钱，希望梅兰芳先生能帮忙买票。面对普通观众的需求，梅兰芳委托当地接待的同志帮忙解决，过后又多次询问，有没有帮助观众买到票。在梅兰芳心里，所有的观众都是平等的，都有权利看自己的戏，自己能给他们唱戏是一种幸福。一开始的时候，梅兰芳是坐汽车从后门出入剧场的。后来梅兰芳觉得不妥，改为从前门出入，这样的话，等在剧场门口的忠实观众们，就有机会看见梅兰芳。每一次梅兰芳总是笑着和大家打招呼示意。

原计划只是安排梅兰芳先生在城里的大剧院演出，后来听说广大观众还不满足，梅兰芳特意又多加了几场演出，而且演出的场地搬到了露天剧场、工人文化宫等地方，虽然条件简陋一点，但是可以让更多人看上戏。梅兰芳下到第一线的工矿企业演出，普普通通的工人们对他报以最大的热情，敲锣打鼓夹道欢迎。基层的条件没有剧场好，有一次梅兰芳正在台上表演，结果灯灭了，现场有一些混乱。梅兰芳镇定自若，站在舞台上静静等待，大家看到梅兰芳这样，也渐渐安静下来了。等电来了之后，梅兰芳又重新开始演出，一点也没有受到停电的影响。台上的观众不仅欣赏到了梅兰芳高超精湛的艺术，更看见了梅兰芳的气度与风范。工人代表对梅兰芳说，看了梅先生的戏，他们决心在工作中更加努力，作为对梅先生的报答。这让梅兰芳也十分感动。他这一生，得到过数不清的荣誉与赞美，但这来自普通劳动者的质朴话语，让他觉得自己的劳动是那样的有意义。

1954年2月，梅兰芳跟随全国人民慰问中国人民解放军代表团，前往广州进行慰问。梅兰芳对这次慰问十分重视，他说："接受慰问中国人民解放军的任务，来到广州，向我们身经百战、劳苦功高、捍卫祖国南大门的勇士们进行了慰问；全国人民把这个光荣任务交给我们，这是多么令人感到兴奋的事情呵！"这次表演在广州的越秀山体育场。这座体育场是1950年建成的，建设它的是义务劳动的广州市民，在这里举行慰问演出，更有纪念意义。在慰问大会上，梅兰芳见到了中南军区第四野战军驻广州部队的全体指战员，广场里坐满了观看演出的陆海空及特种部队，他们军容严整，体现了解放军的精气神。体育场远比小小的剧场能容纳更多的观众，巨大的看台依山而建，上面红旗招展，座无虚席，都是最可爱的解放军同志。气氛越来越热烈，同志们的目光集中在主席台上，突然现场爆发出热烈的掌声。原来，在军乐队高昂的乐曲声中，慰问团的演员李再雯、王玉蓉、小王玉蓉、梅葆玥等，向官兵献上表示敬意的锦旗。梅兰芳自己亲手为学习模范李树森挂上了纪念章。与此同时，部队文工团的代表上台献花。当场有拿着照相机和摄像机的同志，不停地拍摄，留下这珍贵的一刻。慰问仪式简短而庄重，休息之后慰问演出马上就要开始了。梅兰芳惊讶地发现，二十分钟的休息时间快到的时候，几万名观众整齐地回到了自己的座位上，没有发生任何的混乱。几十年的舞台生涯，这一次观众最多，秩序最好。

演出开始之后，文工团先表演了几个节目，有唱歌，有跳舞。接下来李再雯表演了评剧《秦香莲》中的《闯宫》一折。最后上台的梅兰芳表演了自己的拿手戏《贵妃醉酒》。演出之后，梅兰芳对自己的表现十分满意，他说："我平生在舞台上所接触的观众，以今天的为最多。"在他看来，让更多的人看见自己的演出，起码和提升自己的表演艺术同样重要。在这样广大的剧场里，看着红旗掩映，绿树葱茏，面对如此众多的特殊观众，梅兰芳演出时的心情从未如此振奋、愉悦，从未如此高兴。

为了更好地完成演出任务，在得知要在越秀山体育场进行演出之后，梅兰芳和慰问团的同志就进行了仔细的研究。因为和平时演出的剧场不同，观众和演员的距离比较远，最远的距离差不多有一里地，虽然有扩音器的帮助，但还是容易给观众留下很多遗憾。为了克服这些困难，梅兰芳精心准备，对演出中的各个步骤都做了适当的变化，以适应场地，力争能让观众更好地欣赏演出。比如在《贵妃醉酒》这场戏中，本来要等胡琴的伴奏拉到一半，演员才登场亮相。考虑到场地的具体情况，梅兰芳一听见胡琴响起，就开始出场，并且在表演中加大动作的幅度，比如表现过桥，就要比在普通舞台上多走几步，保持真实感。这样虽然距离远了，观众还是能得到一些印象。梅兰芳的改造虽然迁就了场地，但是并没有偏离京剧这门传统艺术的规律。在中国的古典戏剧中，"对称"是一种很重要的美学原则。在舞台上，演员要注意找到中心点，舞蹈要围绕中心点展开。梅兰芳表演的《贵妃醉酒》中大量身段也是如此，比如闻花、衔杯等动作都要求左右对照。梅兰芳在演出之前，首先观察好舞台的中心点在哪里，在表演的时候注意围绕中心点，扩大自己的活动范围，让自己的表演更加游刃有余。

这种精心的准备，不仅使得这一场演出受益，同时也为后面的演出积累了宝贵的经验。全国人民慰问中国人民解放军代表团在广州演出最多的场地是规模宏大的中山纪念堂。中山纪念堂是广州人民和海外华侨为纪念孙中山先生，共同集资兴建的，是著名建筑师吕彦直设计的，非常有民族的特色。中山纪念堂是一座近似圆形的大会堂，楼上楼下有将近五千个座位，由于建筑师的巧妙设计，整个巨大的拱形屋顶没有一根柱子支撑，这样观众的视野就十分开阔。同时纪念堂内安装有扩音器，可以将演出的声音送到每一个观众的耳朵里。有了这样场地条件，再加上慰问团在大场地演出的经验，让这里的演出效果令人满意。整个慰问演出期间，中山纪念堂接待了将近十万的解放军战士，让他们欣赏到了梅派艺术的风采。

慰问团不仅在固定场地演出，而且还深入基层，为其他官兵进行演出。他们去过部队的阵地，还去过黄埔基地，所到之处，受到的都是最热烈的欢迎。在黄埔基地，梅兰芳见到了海军的英雄战士们，听到了他们的光荣事迹。海军的领导对他说："海军战士能够看到你们的戏，是很不容易的事情。"为了让没有看到戏的战士们补偿一点遗憾，部队的同志还把梅兰芳等人演出的剧照贴出来。在前沿阵地上，战士们不能离开自己的岗位，见到来演出的慰问团，一个个高兴得不得了，很多战士兴奋得几天睡不好觉。不少战士是从北方来的，特意给慰问团的演员们做了北方口味的饭菜。

慰问团还专门去军医院慰问伤病员，他们根据伤病员的不同情况分别进行慰问。伤势不重的，就在广场听演员们清唱；伤势较为严重的，演员们就分别到病房里进行慰问。梅兰芳注意到医院的墙上挂着白底黑字涂漆的牌子，上面写"请勿高声，脚步要轻"。他想自己应该给伤病员们唱一段什么戏才合适呢，如果是比较激昂、高亢的戏，容易刺激病人的情绪，反而影响病人的康复。思来想去，梅兰芳选择了《贵妃醉酒》里面的四平调，这个调子比较柔和缓慢。伤病员们对慰问团的深情厚谊十分感动，纷纷说能听到梅兰芳的演唱，真的是以前想也不敢想的事情，有的一见演员们过来就起来和他们紧紧握手，有的自动围拢过来安静地听着，有的用热烈的掌声来迎接慰问。这让梅兰芳也深受感动，他觉得慰问保卫祖国的英雄儿女是非常光荣的，在和这些新观众的接触下，梅兰芳受到了深深的感染和教育，感到无比的光荣和骄傲。

1949 年以来，梅兰芳多次到各地演出，各地旧貌换新颜的变化也让他激动，他自己说："难忘的 1949 年，给我和全国的艺人带来了光明。我演出的地点，已不是仅限于几个大城市，观众的成分，比解放前也有了巨大的改变。从这时起，我一次又一次地参加了在中国共产党领导下的政治运动，参加了新中国的社会活动，接触了广大劳动人民，特别是学习过毛主席《在延安文艺座谈会上的讲话》以后，明白了戏曲工作者应该为人民大众首先是工农兵服务的方向，也逐渐地明白了工农兵对文艺的要求，我的思想很快地有所改变，表演情绪也跟着有所提高。我在演出时，不断地得到劳动大众工农兵的鼓励，使我在表演艺术上有了新的创造，新的生命。

"五年以来，我的观众圈子比过去扩展了几十、几百倍，不但观众的数量有了空前的扩展，而且工人、农民和战士占了观众中极大的比例。工农兵劳动人民，使我的舞台生活起了巨大的变化。他们对我的热烈欢迎和关怀，给我以极大的鼓舞，也给我以新的力量，使我的艺术创造有了新的生命，因而增强了我的舞台实践的信心。在去年一年中，我在部队、厂矿和接近农村的中小城市，演出将近二百场，几乎要超过战前的记录。……总的来说，我在这五年当中的进步，比过去四十年的进步还要大。"

梅兰芳的伟大，不仅因为他于文化名流、达官显贵、富贾巨商的环绕之中能保持人格的独立与尊严，更在于他对待普通大众，仍然付出自己的全部艺术，并以此为荣。这是对普遍的人的尊重，唯如此，才是梅兰芳。

1950 年 6 月 25 日，朝鲜战争爆发。1950 年 10 月 1 日，朝鲜领导人金日成致信毛泽东，希望中国出兵援助朝鲜。10 月 5 日，中国决定出兵抗美援朝，10 月 19 日，中国人民志愿军跨过鸭绿江，开始了抗美援朝的伟大斗争。全国各族人民、各行各业都掀起了努力生产，支援前线的高潮。文艺界也不甘落后，除了捐款捐物之外，还组织去朝鲜为志愿军战士慰问演出。梅兰芳在 1953 年 10 月，随中国人民赴朝慰问团前往朝鲜，进行了一个多月的慰问演出。这个慰问团的规格可不一般，它以华东京剧团为主体，总团长是贺龙元帅，第一分团团长是华东京剧团团长吴石坚。梅兰芳所在的京剧团就属于第一分团。这个团里面除了有梅兰芳之外，还有周信芳、马连良、程砚秋，可以说将当时第一流的京剧演员一网打尽，阵容空前。贺龙元帅开玩笑地对吴石坚说："你这个京剧团拥有梅、周、马、程四大流派的创始人，像李玉茹这样的优秀演员也只能跑跑龙套，可称得上是'天下第一团'了。"

"天下第一团"慰问在出国前先去了丹东，这里是最靠近朝鲜战场的国内城市。慰问团受到了当地志愿军战士的高规格欢迎。战士们穿着整齐的军服，胸前挂满了勋章、奖章、军功章、纪念章，排成一条夹道，将每一束鲜花送到慰问团团员的手里。为了欢迎慰问团的到来，他们还特意自己新修了宿舍，宿舍门上贴着春联，里面的装饰虽然朴素，但是十分干净整洁。梅兰芳一进入宿舍就惊呆了，他自己的床旁边的墙壁上张贴他的照片，那是他与斯坦尼斯拉夫斯基的合影，还有他抗战时蓄须明志的照片，以及从杂志上剪下来的演出剧照。第一次接触志愿军战士，他们淳朴的热爱就已经让梅兰芳感动不已了。

慰问团在朝鲜的第一站是平壤，他们在平壤为朝鲜同志演出，梅兰芳表演了《霸王别姬》。演出结束之后，金日成特意找到梅兰芳，对他说："我听说梅兰芳这个名字有好多年了，这次才看到你的表演，想不到你那么年轻。"慰问团还多次为朝鲜人民作了慰问演出。

当时朝鲜的条件十分艰苦，梅兰芳参加的虽然是"天下第一团"，但是也只能和大家一起挤在大通铺上。当时梅兰芳虚岁已经六十了，马连良五十多岁了，周信芳五十八岁了，最年轻的程砚秋也虚岁五十了。他们几个虽然都在舞台上勤学苦练摸爬滚打了几十年，但毕竟岁月不饶人，而且面对的艰苦也是前所未有的。他们住的都不是房子，而是志愿军战士临时搭起

朝鲜战争场景

来的帐篷，地上也没有什么铺盖，只有稻草，每人有两条军被。睡觉的时候，大家都挤在一起，这对梅、周、马、程四位来说可是开天辟地头一回的经验，可是他们没有一个人有怨言。吴石坚团长特意来看望大家，怀着歉意对几位说："让你们睡地铺，实在是委屈了。"梅兰芳说："人家国家都成了这个样子了，我们能有帐篷住一住就很好了，帐篷也能挡风雨。再说咱们是过来慰问的，不是来享福的。"程砚秋说："和朝鲜人民比起来，我们算好得多了，简直就是在天堂里了。"马连良也说："到了朝鲜才知道打仗有多残酷，我们还有帐篷睡，这里的老百姓睡的是地洞。"周信芳说："这次我们不仅慰问来了，还是受教育来了，能睡睡稻草地铺，也是一大进步。"四位先生的话让吴石坚团长深受感动，也让全团上下更拧成了一股劲儿，要把祖国的温暖带到朝鲜。

住的条件是这样，演出的条件就更不用说了。剧场、舞台这些想也不用想，梅兰芳和团里的其他演员一样，有时在露天剧场演出，有时在坑道剧场演出，在风雨里为志愿军战士清唱。慰问团想办法创造各种条件，有一次在山洞里为志愿军指战员演出，为了解决照明问题，慰问团自己准备了发电机照明，让黑暗坑道里的志愿军战士们欣赏了高水平的演出。志愿军战士们坐在石头上，坐在地上，看得兴高采烈。在赴朝慰问演出的过程当中，慰问团里的每一人都发挥自己的主动性，在各种条件限制下完成了很多困难的任务。梅兰芳、周信芳、程砚秋、马连良所属的第一分团，有一段时间因为要分头进行慰问，会分出一个只有十八个演员的小队，加上伴奏、服装、道具、化妆的几个人，就是一个演出单位。别看这个演出单位小，但是演出起来效果一点也不差。每每受到观众的热烈欢迎。在开城满月台广场的慰问大会上，这十八个演员居然演出了五个戏：《狮子楼》《三击掌》《追韩信》《借东风》《贵妃醉酒》。因为人手不够，很多后台的工作人员也穿上了戏装，化了妆，参与到演出中来。赶场最多的一位，在五出戏里面都有角色，经常是刚一下场就立刻改装，准备在下一出戏里面登场。演员沈金波在《三击掌》里面扮演王允，和程砚秋先生同台献艺，一下场，就改扮成宫女，投入到《贵妃醉酒》的演出中。还有中央歌舞团的几位女演员，根本没有学过戏曲，只跳过荷花灯舞，也临时学了一些必要的身段，作为宫女上了场。整个的演出效果还不错，观众们都没注意到这些细节。为了达到这种效果，在后台，全体工作人员都紧张地忙碌着。不少演员已经画好了妆，穿好了戏装，在等待上场的时候，也不闲着，帮助工作人员做一些工作。他们有拉幕的，有检场的，有报幕的。虽然劳动强度很大，但没有一个人抱怨，为志愿军演出，他们吃再多的苦，也心甘情愿。

进入朝鲜不久，慰问团就举行了大规模的慰问演出。这里的舞台是志愿军战士花了一夜时间临时搭在土坡上的，用一块布隔一下，就分出了前后台。舞台上面没有顶，完全是一个露天的台子。梅兰芳从幕布后面一看，远远近近全都是人，战士们沿着土坡坐着，最远的地方连战士的脸都看不清楚，可是从声音能听出来，大家都很兴奋地等待着演出开始。梅兰芳为了在这样的舞台上取得更好的演出效果，仔细琢磨了一下，在身段、演唱上都加以改进，比如更靠近扩音器一点，这样后排的战士能听得更清楚。前面的戏掀起了一阵阵热烈的掌声，最后终于到梅兰芳出场了，他一亮相就赢得暴风雨般的掌声。这些战士们只要能看到梅兰芳先生，就已经很满足了。

演出之前还有一个小插曲，原定梅兰芳表演的是《打渔杀家》。当梅兰芳知道最后是由他和周信芳同演《打渔杀家》时，他突然对团长吴石坚问了一句："今天外面气温多少度？"吴石坚一下子被梅兰芳问愣了。梅兰芳接着说："今天的气温是零下15度。外面那么多志愿军战士要在这样天气里坐那么半天，看我们两个老头子演那么长时间的戏，这合适吗？为什么不让青年同志们多演几出武戏呢？又红火，又热烈！至于我、周先生、马先生和程先生，就站在台上和大家见见面，一人唱一小段向志愿军问候，岂不更好？"最后还是贺龙元帅得知此事，他感到梅兰芳是真正在为志愿军战士们考虑，体现了梅兰芳高尚的人格和为他人着想的品德，他思考了一下说："梅、周、马、程是大师、大艺术家，现在是祖国人民的代表，平时谁能看到他们？梅兰芳、周信芳，怕大家瞧都瞧不够呢，更何况两人合演一出戏，岂不是看得更过瘾。"他让吴石坚转告梅兰芳："我保证台下几千官兵会敬心敬意地看他们演出。"这样梅兰芳才上台演出。

还有一次演出天公不作美，演出中途突然下起了雨。演到一半时，下起雨来，先是渐渐沥沥的小雨，后来雨越下越大，连幕布和铺在台上的毯子都湿了。梅兰芳这时候站在后台上场门看着演出，自己的衣服也被雨打湿了。梅兰芳回过头去，正好看见自己的儿子梅葆玖，梅葆玖下面要扮演《女起解》中的苏三，他提前穿好了一身红色的罪衣罪裙，站在那里等着上场。梅兰芳催促他说："你赶快出去，站在幕后，等候出场。虽然雨下得这么大，但是不能让这么多志愿军同志坐在雨里等你一个人。"

梅葆玖刚要往外走，两位志愿军干部走过来把梅葆玖和其他演员们拦住了，他们对梅兰芳说："现在时间已经很晚，雨越下越大，志愿军首长考虑到你们后面的慰问演出还很多，如果被雨淋病了，或者把服装道具淋坏了，影响以后的演出，那就不好了。今天的戏就不用演了。我们刚才已经和来看戏的同志们说明了原因，但是全场的战士们都不想走，他们要求和梅先生见一见面，让梅兰芳先生对他们讲几句话，这样他们也就没算白来。"梅兰芳被这种热情感动了。他说："只是讲几句话，太对不住志愿军同志们。况且他们有从二三百里外赶来的。这样吧，我和马连良先生每人清唱一段，以表示我们的诚意。"

当天从各地赶来的志愿军战士有上万人之多，他们一是来听戏，但更主要还是想看一眼梅兰芳这些艺术家的风采。他们听说梅兰芳和马连良会出来和自己见面都很高兴。梅兰芳和马连良走出后台，来到前台，站在扩音器前大声说："亲爱的同志们，今天我们慰问团的京剧团全体同志抱着十分诚意向诸位作慰问演出，可是不凑巧得很，碰上天下雨，因此不能化妆演出，非常抱歉。现在我和马连良先生每人清唱一段。马先生唱他最拿手的《借东风》，我唱《凤还巢》，表示我们对最可爱的人的敬意。"

志愿军战士爆发出掌声和欢呼声，久久不曾停息，足足持续了十几分钟。梅兰芳和马连良一再鞠躬表示感谢，战士们才渐渐平静下来。马连良清唱完《借东风》后，梅兰芳在雨中清唱《凤还巢》。

梅兰芳一生特别注意爱护自己的嗓子，从来不让自己的嗓子受伤害，今天此情此景，就算寒冷的天气会损伤嗓子也在所不惜了。梅兰芳后来回忆说："这一次的雨中清唱，在我数十年的舞台生活中，是没有前例的，也是我在赴朝慰问演出当中最难忘的一件事。"

还有一次，代表团在朝鲜中部香枫山进行慰问，演出的场所是一个在山岭中开辟出来的广场，简陋的舞台前有几排木凳子，部队首长、战斗英雄和女同志们坐在那里。连这样的木凳子也不多，后面的战士只能坐在石头上，再后面的战士纷纷站到石头上，如果坐下就看不见舞台上的观众了。除此之外，舞台两边还有不少卡车，也被战士们当成了观众席，被挤得满满当当。舞台左侧的山坡上有一个点缀着松枝、画着和平鸽的木架子，架子底下也有不少战士。整个广场成了一个巨大的天然剧场，战士们就是观众，他们焦急地等待着演出的开始。

在这样的场地，没有前后台之分，演员只能在露天化妆，化妆间是在舞台后方用芦席隔成的。演员的表演也受到一定限制。周信芳先演完《徐策跑城》，下场对梅兰芳说："今天台上的风太大，抖袖、甩髯、跑圆场的种种身段都受了限制。"梅兰芳听到周信芳这样说，自己还没有上场，先在心里想应该怎样在大风的天气下把戏演好，如何让台下最可爱的人们对自己的演出满意。但说起来容易，做起来难。梅兰芳演出《贵妃醉酒》的时候，一上来就受到大风的影响，后来才渐渐找到了在大风中演出要遵循的规律，无论是做动作还是演唱、念白，都要注意风势风向才行。否则的话，做身段动作的时候，大风会影响动作的完成情况，也会将衣服刮乱。演唱的时候如果是迎着风，很容易就会把嗓子唱哑了。梅兰芳在台上分外留心，身上比平时多用几分力量，很好地控制住身体；在演唱的时候，尽力离扩音器近一点，这样能把声音送得更远一点。

台上的演员演出辛苦，可是底下观众的热情给了他们最大的鼓励和支持。志愿军战士们全神贯注地看向舞台，不时送出一阵阵热烈的掌声，让在寒风中表演的演员们深受感动。演出结束之后，文工团的同志和志愿军战斗英雄来到后台简陋的化妆间，慰问演员们，直到慰问团要离开还恋恋不舍。有的抢着和梅兰芳握手，有的拿出纪念册请梅兰芳签名，有的在梅兰芳乘坐的吉普车旁边伸手握别。此情此景，感动得梅兰芳流下了眼泪。

除了正常的演出之外，梅兰芳还抓紧一切机会为志愿军战士们服务。有一天，吃完晚饭，梅兰芳、周信芳和老舍先生在驻地附近散步，一边走一边说着入朝以来的感想。忽然在这时，远处传来了咿咿呀呀的胡琴声。梅兰芳听到这熟悉的声音不禁笑了，几个人循声望去，原来是从炊事班方向传过来的，看来这里也有京剧爱好者。周信芳对梅兰芳说："我们今晚是不是组织一个清唱会，也慰问慰问这几个战士。"梅兰芳一听就笑了："您这主意出得好，我也正好是这么想的。炊事班的同志对咱们照顾得太周到了，时时刻刻嘘寒问暖。我们平时演出，他们忙着给大伙服务，也没有工夫去看演出，这次正好补上。"梅兰芳又想了想，说："如果能多找几个人更好，这样参加的人多些，显得更热闹。"他回去叫上马连良先生，和周信芳、老舍一起去了炊事班的房子。

炊事班的志愿军战士见到了几位艺术家来了，高兴地放下手头的工作向他们问好。听说这几位要为自己演出，大家更是欢呼起来，有的战士说，"我去把团里的琴师找来。"梅兰芳说："不用麻烦他们了。我们几个刚才听见这里有胡琴的声音，是不是有会拉胡琴的同志，让他们帮忙拉一下就行了。"一位战士站起来说："那是咱们的炊事员牟绍东、王占元，他俩都会拉胡琴。"牟绍东、王占元一听战友这样说就不好意思了："我们是拉着玩的，和这几位合作我们可不敢，怕拖了后腿。"梅兰芳说："没关系，我们配合你们，你们怎么拉，我们就怎么唱。"

于是，一场别开生面的清唱会开始了。首先上场的是马连良，他连着演唱了《马鞍山》《三娘教子》中的唱段。紧接着周信芳唱了一出《四进士》，一起过来的老舍先生也来了兴致，说："我来班门弄斧一下，给你们唱一段《钓金龟》怎么样？"老舍唱完，战士都说不赖。

接下来轮到梅兰芳了，他看着为自己伴奏的炊事员牟绍东，亲切地问："您最爱拉的是哪一段？"牟绍东又紧张又高兴，说："就拉《玉堂春》，您看行不行，这一段我最熟了，能拉起来。"一听这话，几位都笑了起来，老舍先生高兴地说："小牟同志点戏的水平高，梅兰芳先生应该有十几年没有唱过《玉堂春》这出戏了。今天我们借小牟的光，也再听听这出好戏。"牟绍东操起了琴，梅兰芳一板一眼地唱起了《玉堂春》。一段唱罢，他自己也很满意，笑着对牟绍东说："行！我俩配合得不错，可以说是珠联璧合。"牟绍东也咧开嘴笑了，他一直担心自己配合不好，把演出搞砸了，得到梅兰芳先生的肯定后，他悬着的心才算放下。

清唱会的欢声笑语飘出了小屋，消息一传十，十传百，大家都知道梅兰芳几位艺术家在这里演出。志愿军战士自发地聚集起来，他们不敢进门打扰，就站在小屋门外的空地上，鸦雀无声黑压压的一片。有的战士用手打着拍子，有的战士听到最后轻轻地哼了起来，有的战士歪着头仔细地听。梅兰芳、周信芳、马连良几位走出屋门的时候，大家自发地鼓起了掌，战士们都说："这样的清唱会太好了！真希望多来几次啊！"

第二天，拉琴的炊事员牟绍东过来找梅兰芳，他不好意思地拿着一本纪念册说："昨天晚上的事，我真是永远忘不了。能不能请梅先生在纪念册上给我写几句话，留个纪念吧。"梅兰芳说没问题，他当即提起笔来在纪念册上写道："《玉堂春》我有十几年没有在舞台上表演了，你这次替我伴奏唱了这段戏，真是值得我纪念的一件事。"

1949年中华人民共和国成立之后，梅兰芳最大的变化就是演出对象，他不仅为大城市的观众演出，还为偏远地区的观众演出；不仅为城市居民演出，还为农村的农民演出；不仅为文化人演出，还为文化层次不高的普通劳动者演出。在工矿企业，他在高塔之下演出；在朝鲜战场上，他在坑道里面演出。无论何种情况之下，梅兰芳都尽自己的全力去完成自己的工作，这种精神来源于他自我的人格修养，也来源于他对祖国和人民的挚爱。

1955年，为了纪念梅兰芳和周信芳对戏曲事业做出的巨大贡献，中央文化部、全国文联、中国剧协联合举办了纪念梅兰芳周信芳舞台生活五十年的各种活动，召开了纪念会，对两位的艺术成就和艺德做出高度的评价。当时的文化部副部长夏衍做了讲话，他在讲话中突出赞扬了梅兰芳、周信芳热爱祖国、热爱人民的精神，表扬两位艺术家的民族气节，表扬两位艺术家对人民的忠诚。在祖国和人民最困难的时候，他们两个人不顾个人安危，坚定地和人民站在一起。中国剧协副主席欧阳予倩也出席了大会，他的发言名为《真正的演员，美的创造者——梅兰芳》。随后梅兰芳在大会也做了发言，他说：

刚才欧阳先生的发言，给了我很大的鼓舞，使我非常感动，也使我感到非常惭愧。我是一个平凡的人，对艺术的贡献是微薄。最初依靠我祖父、父亲的遗训，后来又受到师友的督促、教育和广大观众的帮助、鼓励，才在艺术上前进了几步。欧阳先生的发言就是一个最实际的例子。他深刻地分析了我的艺术实践过程，给了我很多帮助。欧阳先生何以能够说得这样具体而确呢？这是因为我们经历的道路是大体相同的，他也是过来人，这些话也是他从事几十年来的艺术实践，社会经历和他自己与反动势力长期斗争中体会得来的。欧阳先生对我过奖了，我谨向欧阳先生致衷心的谢意。

欧阳先生说得一点不错，我在舞台生活上的这样一些微小成就，并不是依靠什么特别窍门得来的，而只是"劳动的积累"。

我开始学戏，是在清朝末期光绪庚子以后，学的戏如《战蒲关》《祭江》《二进宫》《教子》等等，都是以唱工为主的青衣正工戏。这类戏在当时的演法是不注重身段、表情的，当时观众对这类戏的要求，也着重听而不着重看。旦角演员开蒙所以要学唱这类戏，是由于这类戏便于初学，可以打好基础。

辛亥革命以后，社会文化生活提高了，观众对戏曲艺术的要求也提高了，我初步地感觉到，这种专重唱工的青衣戏，已经不能满足观众要求，所以就在青衣之外，兼学了二本《虹霓关》《樊江关》《穆柯寨》这些偏重身段、表情和武工的戏，使戏路宽广丰富一些。果然这些戏演出以后，比青衣戏更受欢迎。

也就在清末民初的时候，戏剧的社会教育作用逐渐明确，话剧已开始活跃起来。在北京我看到了王钟声先生的话剧，在上海又看到了春柳社的话剧，得到了很大的启发。我感到了演员对社会的责任，就先后排演了以当代故事为题材的《孽海波澜》《一缕麻》《邓霞姑》《童女斩蛇》等时装戏，内容是反映妇女受压迫、婚姻不自由等不合理社会现象和破除迷信的社会要求。从今天看来，这些戏本的内容和形式是有很多缺点的，但在当时社会里，却起了一些好的作用。

随后我又从前辈先生们学习昆曲，学了《思凡》《闹学》《游园惊梦》《水斗》《断桥》《佳期》《拷红》等几十出，对昆曲发生了很大兴趣。因为昆曲是一种歌舞并重、具有高度艺术性的古典戏曲，京剧受它的影响最大。学习了昆曲以后，我的表演技术，就有了很显著的变化。

我从演青衣、闺门旦进展到演花旦、刀马旦，排演时装戏，学习昆曲这几个时期，在表演艺术上，比以前已经丰富得多了。我就在这些基础上，大胆进行了一些新的尝试。在舞蹈部分，有《霸王别姬》里的剑舞，《上元夫人》里的拂尘舞，《麻姑献寿》里的袖舞，《太真外传》里的盘舞，《西施》里的羽舞，《天女散花》里的绸舞，《嫦娥奔月》里的花镰舞，《千金一笑》里的扑萤舞，《廉锦枫》里的刺蚌舞等。这里面《霸王别姬》里的剑舞，是把京剧《鸿门宴》和《群英会》的舞剑，还有《卖马当铜》的舞铜的舞蹈加以提炼变化，同时吸取国术中的剑法汇合编制而成的。不过，《鸿门宴》等三个戏的舞蹈，原只有打击乐器的伴奏，《霸王别姬》里的剑舞，却是一部分加入了歌唱，另一部分又配合了管弦乐的伴奏的。《麻姑献寿》里的袖舞，是我从古代的"长袖善舞"这句成语，体会出古代有一种以袖子为主的舞蹈，而根据旦角的水袖动作研究出的一种袖舞。《天女散花》的绸舞，是根据古代绘画《天女散花图》的形象创造出的。天女服装上的特征是两条风带，显示着御风而行，我就想到可以利用这两条风带来加强动作的舞蹈性，创造了天女散花的绸舞。服装部分，大都取材于许多古代绘画、雕刻、塑像等等美术品上的妇女装束，因为要适合于舞台上表演的条件、人物的性格、图案色彩的调和，就必须加以适当的剪裁；特别是头上发髻的设计，是经过了若干次的试验和改革，才完成今天的样子的。以上关于舞蹈和服装的一些创造，当时虽然也煞费苦心，普遍地受到广大群众的欢迎，并且至今还广泛地流行着，但在今天看来，我觉得还没有达到尽善尽美的境界，还需要改进和提高。

上面一系列的艺术改革和舞台实践，得到观众的批准之后，我就开始了出国演出。我出去的目的，一方面是想把中国的戏曲介绍到国外，一方面也是想借此观摩吸收外国戏剧艺术来丰富我们的民族艺术。从1919年起，我先后在日本、美国和伟大的苏联演出。还去过欧洲各国，看了许多名剧。

最难忘的是1935年，我接受了苏联对外文化协会的邀请，去苏联进行访问演出。我初次看到伟大的社会主义国家，它的新面貌给我留下了不可磨灭的印象。我在莫斯科和列宁格勒两个城市演出了三个星期，受到了苏联广大人民的极大鼓励。我见到了苏联戏剧大师斯坦尼斯拉夫斯基和聂米洛维奇·丹钦科两位老先生，除了观摩他们所导演的名剧以外，还不止一次地举行了座谈，彼此极其亲切地交换了戏剧艺术方面的经验。他们看了我的戏以后，对中国戏曲的表演方法，有过这样的评价：中国戏曲的表演法则是"有规则的自由动作"。这句话使我更深刻地认识了我们民族戏曲艺术的特征。我这次访苏，不但在艺术上得到了重大的收获，同时在思想上也受到极大的影响。

"九一八"事变后，日本帝国主义对中国进行了疯狂的侵略，我当时以无比愤怒的心情编演了《抗金兵》和《生死恨》两个戏。这两个戏，是以反抗侵略、鼓舞人心为主题的，在各地公演，得到观众的热烈支持，可以反映出当时人民民族意识的高涨，人民给我的教育和鼓舞是极其深刻的。

全国解放以后，我参加了政治活动，并在各地巡回演出，到过京、津、沪、汉和几个工业区如石家庄、无锡及东北八个城市，又参加了鞍钢三大工程的开工典礼，同时，还光荣地参加了赴朝慰问中国人民志愿军和朝鲜人民军的工作，后来，又到华南慰问中国人民解放军。在这些演出活动中，工农兵观众占了最大的比重。我接受了他们给我的永不能忘的启发和帮助，使我在表演方法上，特别是在人物性格和阶级关系的刻画和分析上，提高了一步，加强了我为工农兵服务的决心。

1952年到1953年的岁尾年初，我光荣地参加了在维也纳召开的世界人民和平大会，使我亲眼看到和平阵营力量的强大，鼓舞了我为保卫世界和平而斗争的信心。

在旧社会里，我辛辛苦苦地演了几十年的戏，虽然在艺术上有过一些成就，但服务的对象究竟是什么却是模糊的。解放以后，我学习了毛主席《在延安文艺座谈会上的讲话》，才懂得了文艺应该首先为工农兵服务的道理。明确了这个方向，我觉得自己的艺术生命才找到了真正的归宿。从我国大陆解放到今天，虽然只有五个年头，五年多的时间不能算长，可是在我六十年的生命史中却是最宝贵的一个阶段。在这个阶段里，无论在政治上、艺术上，我都得到了前所未有的发展。不过，在这五年当中，我在戏曲艺术实践上虽然做了一些努力，但应该做而没有做的事情还是很多，比如在戏曲改革方面，自己的贡献就是很不够的。目前我正在拍摄五彩纪录电影，我希望通过这部电影，对广大的人民，对我们戏曲工作者的青年一代，能有一些贡献。我的《舞台生活四十年》三、四等集，也当抓紧

梅兰芳在旧金山

时间写出，以供从事戏曲工作的同志参考。我还要到我所没有到过的地方演出，向各兄弟剧种作交流经验的学习。对新生力量，我愿从多方面来予以帮助。我希望我的工作对社会主义文化建设能有微末的贡献。我还决心从事于辩证唯物主义和历史唯物主义的学习。我深深体会到，作为一个人民的文艺工作者，如不掌握马克思列宁主义的世界观，空谈社会主义现实主义的艺术创造，那是难以想象的。

综合我五十年来的艺术实践，我能够告诉各位青年戏曲工作同志的，只有下面这几句话：热爱你的工作，老老实实地学习，努力艺术实践，不断地劳动，不断地锻炼，不断地创造，不断地虚心接受群众意见，严格进行自我批评；为着人民，为着祖国灿烂美好的未来，贡献出我们的一切！

梅兰芳的发言不仅回顾了他的艺术生涯，同时也表现了他对自己使命的深刻认识，他为人民奉献的精神永远值得我们牢记。

后记

　　自 1840 年开始至 1949 年新中国成立，是中华民族危机不断加深，人民饱受苦难的一段历史，同时也是英雄人物辈出，努力拯救民族危亡的一段历史。半封建半殖民地的苦难，每一个中国人都深切地感受到，从而也激发了广大人民群众更为热烈的爱国主义精神。这种爱国主义精神是中华民族摆脱屈辱历史最宝贵的财富。梅兰芳在这样的历史大潮之中，无论面对何等严峻的考验，坚守自己的底线，不惜以生命抗争，他的这种表现融个人人格尊严和国家民族尊严于一体，体现了中华民族的民族骨气和民族自信心。

　　梅兰芳爱国主义精神的形成深深植根于中华民族的传统文化之中，从个人的自尊自爱自信发展为对整个国家、民族命运的自觉。中华民族自古以来就是一个十分重视道德尊严，注重人格尊严，注重个人品行的民族。道德和人格问题，一直是古代思想家和仁人志士关注的焦点。孔子曾经说过"三军可夺帅也，匹夫不可夺志也"；孟子提倡过大丈夫精神：富贵不能淫，贫贱不能移，威武不能屈，此之谓大丈夫"；荀子强调过道德的独立性："权力不能倾也，群众不能移也，天下不能荡也。生乎由是，死乎由是，夫是之谓德操。"一代代中华民族的杰出代表们，不惜牺牲生命，也要坚持自己的人格，坚持为最广大的人民利益奋斗。苏武被困北海，吃野鼠囤积的草籽，汉节上的毛都脱落了也不屈服；文天祥写出"人生自古谁无死，留取丹心照汗青"，慷慨赴死；林则徐以"苟利国家生死以，岂因祸福避趋之"鼓励自己；谭嗣同"我自横刀向天笑，去留肝胆两昆仑"，愿为革命流血。这些思想与行为，成为中华民族爱国主义的精神底蕴，推动中华民族向前发展。梅兰芳出身于梨园世家，戏剧本来就是广大人民群众接受思想和审美教育的主要途径，爱国主义和人格精神正是传统戏曲中的精华，对梅兰芳产生了潜移默化的作用。

梅兰芳的爱国主义精神也是在追求艺术的道路上形成的。马克思说过："尊严是最能使人高尚、使他的活动和他的一切努力具有更加崇高品质的东西，是使他无可非议、受到众人钦佩并高出于众人之上的东西。"如果一个人从事自己的职业，感到自己不是工具，不是奴隶，而是在进行伟大的创造，那么他就能产生崇高的自豪感。在20世纪上半叶的中国，从事戏曲演出工作是被人鄙视的，虽然在舞台上，名演员们拥有喝彩与掌声，但社会地位低下，往往要经受诸多的屈辱。例如梅兰芳之前梨园最具号召力的谭鑫培，梁启超写诗称赞他："四海一人谭鑫培，声名廿纪轰如雷"，谭鑫培艺名"谭叫天"，当时是"满城争说叫天儿"。这样一位大艺术家，广西军阀陆荣廷进京，为表欢迎，北洋军人逼迫当时已经卧病在床多日的谭鑫培去演堂会，最后还派出了警察，结果演完没多久，谭鑫培就去世了。耳闻目睹这些惨剧的梅兰芳，对获得人格尊严，有更为深切的渴求。他视艺术为生命，学习西方戏剧的先进经验，努力排演新戏，甚至渡海跨洋到国外演出，也是为了给这些"卑贱"的艺人们争一口气，向世人证明，他们和社会上其他人一样，自尊自爱，是堂堂正正的人。辉煌的艺术成绩给梅兰芳带来巨大的声誉，使得他的影响逐渐超出了艺术领域，与更广大的社会产生了联系。在那个苦难深重的旧中国，个人的尊严与国家的尊严都是一种稀缺品，随着梅兰芳成就越来越高，他逐渐从对自己的责任、对家庭的责任、对戏曲界的责任，体会到对国家的责任，对民族的责任。像祖父一样仗义疏财、体恤同业，参与"支援华北赈灾义演"，拒不去伪满洲国演出，排演抗日新戏，乃至在八年抗战中蓄须明志，梅兰芳逐渐将自己完全地融入民族的解放事业之中，以自己的方式坚守着民族的气节。

梅兰芳的爱国主义精神最终是和社会主义建设的伟大事业联系在一起的。在新中国成立以后，梅兰芳感受到全国工农群众新的面貌和精神，看到了人民群众对祖国的深厚感情，为祖国努力工作的积极性。这一切让梅兰芳原来自发朴素的爱国之情更进一步，主动地用艺术为人民服务。梅兰芳说："我们这些在旧社会被称为'戏子'的人，解放后受到党的重视和培养，成为人民演员，社会地位大大提高。作为人民演员，决不能脱离人民，要坚持为人民、为工农兵演出。不管是到小城市，还是到工厂、农村、军营，都要乐意去，认真演。人民是艺术的土壤，脱离了人民，任何人在艺术上是不会有成就的。"著名作家、文艺评论家夏衍曾经评价梅兰芳和周信芳说："他们是人民的艺术家，他们热爱人民，因此，人民自然也就热爱他们的艺术，以能够有他们这样的艺术家而感到自豪。"梅兰芳和普通群众的关系可以说是亲切又平等。1950年，梅兰芳到中国大戏院演出，住在利顺德饭店，三十年前，他到天津演戏的时候正好也住在这家饭店。很多老服务员还记得梅兰芳，梅兰芳和他们一一握手，亲切地打招呼。饭店里有一位老门卫，三十年前梅兰芳每次晚上回到饭店，总是他负责给开门，这次重见之后，梅兰芳把他认了出来，老门卫十分激动，说没想到梅兰芳这样一位大艺术家还记得自己这个普通工人，真是太关心别人了，一点艺术家的架子也没有。

重新回顾梅兰芳的爱国主义精神，我们今天的青少年可以从中学到很多东西，应用到学习实践社会主义核心价值观中去，社会主义核心价值观承载着我们这个民族、这个国家的精神追求，是最持久、最深层的力量，一定会在每个人成长、成材的过程中发挥不可替代的作用。

延伸阅读

要善于辨别精粗美恶

《中国青年报》编辑部同志要我向青年同志们谈几句话，我在几句新年贺词中曾谈到："希望青年艺术家要注意辨别精、粗、美、恶。"我向来觉得这是一个艺术家一生艺术道路的重要关键，所以今天谈戏，我还要从这句话谈起，并且想打几个比方，具体地来谈谈。

以演员来说，无论过去、现在都有下列几种情况：有些是由一般的演员渐渐变成好演员，又不断进步成为突出的优秀演员。也有些始终是一般的演员。还有些已经成为比较好的演员，慢慢又退化成一般的演员。更有些本来还不错，而越变越坏了。以上这些变化是什么原因呢？当然，天赋条件的不同，也决定了很多演员的前途，诸如好嗓子、好扮相变坏了就是演员的致命伤。还有一部分演员是自己不努力学习锻炼，或是生活环境不好，以及其他种种复杂原因，都能使演员表演停滞不前或退步，甚而至于到了不能演的程度。也还有一种情况，演员天赋条件并不错，也很努力练习，可是演的总不够好。我个人的看法，最根本的原因，就是今天所要谈的，演员本人能不能辨别精、粗、美、恶的问题。

一个演员表演艺术的道路如果不正确，即使有较好的条件，在剧场中也能得到一部分观众的赞美，终归没有多大成就。所以说演员选择道路关系非常重大。选择道路的先决条件，就需要自己能鉴别好坏，才能认清正确的方向。不怕手艺低，可以努力练习；怕的是眼界不高，那就根本无法提高了。

不能鉴别好坏，或鉴别能力不强的人，往往还能受环境中坏的影响而不自觉，是非常危险，并且也是非常冤枉的。譬如一个演员天赋条件很好，演技功夫也很扎实，在这种基础上本来可以逐渐提高的。但如果和他同时还有个演员，比他声望较高，表演上不可否认的也有些成就，可是毛病相当大，他就很可能受到这个演员的影响，学了一身的毛病，弃自己所长，学别人所短，将来可能弄得无法救药。归根的原因在于自己不能辨别，为一时肤浅的效果所诱惑，以至于走上歧路。

还有一些演员，条件和功夫基础都还不错，也没有传染上别人的毛病，但自己的艺术总不见进步，别人的长处感染不到，在生活中遇见鲜明的形象也无动于衷，这是什么道理呢？当然自己不继续勤学苦练也可能在一定的程度上造成故步自封；但也确有很努力地苦练了半辈子，可是总不够好，我们京剧演员对于这种现象有句老话是"没开窍"。这种"没开窍"的原因，就是没有辨别精、粗、美、恶的能力。看见好的不能领会，看见坏的也看不出坏在何处，到处熟视无睹，自己不能给自己定出一个要求的标准，当然就无从提高自己的艺术。固然聪明人容易开窍，比较笨的人不容易开窍，但是思想懒惰，或骄傲自满，不肯各方面去思考、不多方面去接触，如同自己掩盖自己眼睛一样，掩着眼睛苦练是不会开窍的。所以天赋尽管比较迟钝，只要努力去各方面接触，广泛地开展自己的眼界，还是能做得到的。我个人的体验，辨别精、粗、美、恶的能力，完全可以用这种方法训练出来。因为好和坏是比出来的，眼界狭隘的人自然不能知道好的之上更有好的，不看坏的也感觉不出好的可贵。譬如一个演员，看一出公认的优秀演员演的戏，或者看一件世界知名的伟大艺术品，看完之后应该自己想一想，究竟看懂没有？一般公认为好的地方究竟看出好来没有？不怕说不出所以然来，只要看得心花怒放，那就说明看懂了。如果自问确实没有看出好来，不要自己骗自己，而轻轻放过去，应当向比自己高明的人去请教，和自己不断的继续钻研，一定要使这个公认的好作品，对自己真的发生感染力，那就说明你的眼界提高了一步，这时候对自己表演的要求无形中也提高了。

对于名演员的表演，一般都有些崇拜思想，容易引起注意，也自然容易发生感染，因而不至于轻轻放过。只是对于一些有精湛表演而不很出名的演员，在辨认他的优点时候，则比较困难。遇到这种观摩机会，千万不要觉得他不是名演员而加以漠视，因为这正是锻炼眼力的好机会。我个人就有这种经验，当我青年的时候，每次演完戏常常站在场面后头看戏，看到有些扮相嗓子都不好的配角演员，前台观众对他不大注意，后台对他却很尊敬，我当然明白这样的老先生一定是有本事。但坦白地说，最初我也看不出好处在哪里，经过长期细听细看，渐渐了解他不仅是会的多，演的准，而且在台上确是有别人所不及的地方。譬如一出戏的配角有某甲、某乙、某丙，在他们共同演出的时候，觉得除了主角之外，还看不出某个配角有什么突出的地方。等到有一天这出戏的某乙演员死了，换上另外一个人，立刻就认识到，原来某乙有这些和那些的长处，是新换的人所赶不上的。从这种实际体验中不知不觉把自己的眼睛练得更敏锐了些。

演员对于观摩同行演员之外，还应当细细地观摩隔行的角色演戏，来扩大自己的眼界。另外对于向来没有看过的剧种和外国戏，更是考验眼力的好机会，因为对一个完全生疏的剧种，往往不容易理会，但是只要虚心看下去，一定也一样会发现它的优缺点。遇着机会把所看到的优缺点向人家本剧种的内行透露出来，看他们对自己的外行看法有什么表示，凡是对一种生疏的东西已经能提出恰当的批评来，就说明在原来的基础上又提高了一步。

这些增强自己眼力的方法，都是要时时刻刻耐着心去做，不可听其自然，因为有时稍微疏忽，就会受到损失。举一个例来说：我记得有一次也是去看一种从来没见过的地方戏，最初一个感觉，好像觉得唱念有些可笑，锣鼓有些刺耳，很想站起来不看，在这时候自己克制自己，冷静了一下，就想我是干什么的？今天干什么来了？一定要耐心看下去。转念之间，立刻眼睛耳朵都聪明了，看出不少优点。看了几次之后，不但懂了，而且对于这个剧种某几个演员的表演看上了瘾。我在几十年的舞台生活中向来是主动地多方面去接触，可是有时还沉不住气，不免要犯主观，不是转念的快，就几乎使自己受了损失。所以我觉得一个演员训练自己辨别精、粗、美、恶的能力，全靠自己来掌握。

不但观摩台上的表演要如此，在台下学戏更是如此。我们做演员的，向老师学戏是最基本的功课。开蒙的时候，当然谈不到鉴别力，只能一字一板地，一手一式地跟着来。在过了一定的阶段以后，就需要去注意认识老师的艺术成就。举个例来说：我记得当初我向乔蕙兰先生学《游园惊梦》的时候，他已经早不演戏了。我平常对于乔先生的印象就是一个干瘦的老头，可是他从头到尾做起这出戏的身段来时，我对于那个穿着半旧大皮袄的瘦老头差不多就像没看见一样，只看见他的清歌妙舞，表现着剧中人的活动。当时我就想到：假使有个不懂的人在旁边看着，一定会觉得可笑得不得了。还有陈德霖老夫子同时也教我这出戏，我也有同样的感觉，他们素身表演和在台上同样引人入胜，这是真本事。（好多老前辈都有这个本事，现在谈到陈、乔二位先生，只是例子之一）对于这样的老先生，除了学他们的一手一式精确演技之外，只要你眼睛敏锐，有鉴别力，就可以发现有很多很多他所说不出来的东西你可以学到。

有了这种锻炼，不但会研究老师，而且会随时随地发现值得注意的事物。在日常生活中，譬如看见一个人在安闲地坐着，或一个人在路上丢了小孩是什么神情姿态。一个写得一手好字的人拿笔的姿势，一个很熟练的洗衣人的浣洗动作等等，如果发现有突出的神情和节奏性很强的动作，都能通过敏锐的鉴别而吸收过来，施以艺术加工，用在舞台上。

一个演员对于剧本所规定的人物性格，除了从文学作品和过去名演员对于角色所创造、积累的结晶应当继承以外，主要就靠平时在生活中随时吸取新的材料来丰富角色的特点，并给传统表演艺术充实新的生命。假使不具备辨别精、粗、美、恶的能力，将会在日常生活中吸取了不合用的东西，甚而至于吸取不少坏东西。

有时候演员的动机确实很好，想从生活中吸取材料。只由于不辨精、粗、美、恶，对于前人的创造没有去很好地学习，或者学习了而不求甚解，视之无足轻重，因而对于生活中千千万万的现象，就不可能辨认出哪个好哪个坏，哪个能用在舞台上，或不能用在舞台上。例如孙悟空这个角色，当优秀的演员演出时，观众觉得他是一个英雄，是一个神，一出场就仿佛明霞万道似的，从扮相到舞蹈动作都表现这种气概，在这气概之中还要有猴子体格灵巧的特色，这是最合乎理想的孙悟空。但现在也有些扮孙悟空的并不具备这种形象，只是拼命学真猴子，把许许多多难看的动作直接地搬上舞台，甚而至于把动物园中猴子母亲哺乳小猴子、抚摸小猴子的动作，都加到孙大圣的形象上去，这种无选择地向自然界吸取，是一种非常不好的倾向。

作为演员，当然要求在舞台上有创造，但是创造是艺术修养的成果，如果眼界不广，没有消化若干传统的艺术成果，在自己身上就不可能具备很好的表现手段，也就等于凭空的"创造"，这不但是艺术进步过程中的阻碍，而且是很危险的。

一个古老的剧种，能够松柏常青，是因为它随时进步。如果有突出的优秀的创造而为这个古老剧种某一项格律所限制的时候，我的看法是有理由可以突破的。但是必须有能力辨别好坏，这样的突破是不是有艺术价值？够得上好不够？值不值得突破？我同意欧阳予倩先生说的话："不必为突破而突破。"话又说回来，没有鉴别好坏的能力，眼界狭隘，就势必乱来突破了。

我个人的经验，除了向老先生虚心学习，和多方面观摩别人演出以外，还有最重要的，就是借用观众鉴别精、粗、美、恶的言论，来增强自己的鉴别力。观众里面有很多是鉴别力特精的，演员们耐心听一听观众尖锐的批评，会帮助我们眼睛、耳朵变得更尖更亮，能发现更多值得参考的东西。

以上所举的一些例子，都是以演员来谈的。至于剧作者和戏曲干部，也同样需要努力去扩大自己的眼界。譬如有这样一出戏，故事方面有头有尾，尽管和小说所描写叙述的不完全一致，但能使观众看得很明白，内容也不算太多而主题鲜明，本是一出好戏。假使一个剧作者，把小说的叙事过程大量增加进去，由六刻的戏扩大成十余刻的戏，原来观众最爱看的场子，势必因增加内容而给减弱。这样做不但是这个好作品本身的损失，形成风气，害处更大，这也就是由于作者不辨精、粗、美、恶才发生的。

所以我个人的体会，不论演员或剧作者都必须努力开展自己的眼界。除了多看多学多读，还可以在戏曲范围之外，去接触各种艺术品和大自然的美景，来多方面培养自己的艺术水平，才不致因孤陋寡闻而不辨精、粗、美、恶，在工作中形成保守和粗暴。我们要时刻注意辨别好坏，将来在舞台上一定会出现不朽的创造。

以上所谈的不是深奥的理论，本是人人都知道的，并且戏曲界大多数人都具有鉴别能力，好像是用不着细讲了。但前面所列举的现象，毋庸讳言也是存在的事实。由此看来，一般太好太坏固然一望而知，但"生疏希见的好"和"看惯了的坏"就可能被忽略；"真正具有艺术价值"和"一时庸俗肤浅的效果"，尤其现实主义和自然主义、形式主义与精确优美的程式错综夹杂的现象，更不大容易辨别。所以今天我特意谈一些个人的体会，供需要参考的同志们来参考。

纪念斯坦尼斯拉夫斯基

1935 年我第一次到苏联表演的时候，见到斯坦尼斯拉夫斯基。那时候，他已经七十多岁了。我初次和他见面，就被他的诚恳谦和的态度和修养精湛的艺术家的风度所吸引。我们有过好几次谈话，交换彼此在艺术上亲身体验出来的甘苦得失。

我在莫斯科演出期间，他常听我的戏，同时我也到莫斯科艺术剧院观摩他导演的戏，他很客气地请我批评。

他一贯主张现实主义的表演，反对脱离生活的形式主义。他非常重视苏联民族形式的优良遗产，同时也善于吸取外来艺术的优点。

他认为教育下一代是最重要的任务，并以实际行动表现了关怀后进的精神。我第二次到苏联时，他的学生告诉我说，直到他临终前一刻，还在和他的学生们仔细地谈着艺术上的问题。这种鞠躬尽瘁、钻研艺术的精神，真是我们学习的好榜样。

他说要成为一个好演员或好导演，必须刻苦地钻研理论和技术，二者不可偏废。同时一个演员必须不断地通过舞台的演出，接受群众考验，这样才能丰富自己，否则就等于无根的枯树了。

斯坦尼斯拉夫斯基对我的启发和鼓励，深深地印在我的脑子里。回国之后，我时时想起他在艺术上的精心创造，和他的刻苦钻研的精神。

十七年过去了。1952 年的岁尾，我参加了在维也纳召开的世界人民和平大会。中国代表团在归国途中经过莫斯科，受到苏联对外文化协会热烈亲切的招待。1 月 7 日，我参观了斯坦尼斯拉夫斯基博物馆，这使我对这位伟大的艺术家的印象更深刻了。

博物馆的负责同志是斯坦尼斯拉夫斯基的秘书。他首先把我们引到卧室，房内陈设位置与十四年前是一样，非常朴素。房门口有一个小书桌，是老先生二十八岁时表演莎士比亚的戏中所用的道具，后来就摆在卧室里日常应用。还有一只手提箱，是演戏时装道具的。对着窗户，有一座壁炉，旁边又砌了一座方形的泥炉。老先生当年为了节省燃料，另外砌了这座泥炉。秘书指着壁墙旁横摆着的一张单人木床说："老先生就是在这张床上逝世的。"听到这里，我低下头，对着这张床，我觉得眼眶里湿润了。

我们又到了一间陈列室，这里陈列着老先生早年表演莎士比亚的戏所用的道具，其中有全身披挂的钢制甲胄。墙上挂着他的剧照，都是同一时期所演的戏。挂在另一个房间里的一张剧照是非常吸引人的。他扮演高尔基《夜店》中的一个角色，趴在阁楼上，后面一只脚跷起，皮鞋底有一个洞，露出里面的脚趾。

《智慧的悲哀》又名《聪明误》，是俄国作家葛里鲍耶多夫的名著。斯坦尼斯拉夫斯基曾表演这个戏里的奴隶主，墙上挂着三张剧照，三个扮相是截然不同的，据说第一帧是一般演员的扮相，第二帧是经过他创造改扮的，我们觉得比第一帧的讽刺性要浓得多。第三帧的形象，刻画更深，一看就会对这个剧中人发生憎恨的情感。从这里我们就可以看出斯坦尼斯拉夫斯基对于奴隶主这个人物，是以高度的憎恨情绪来刻画的，同时也可以看出他对于被奴役的农民，是怀着多么深厚的热爱和同情。

在另一个陈列室里，陈列着许多文件，其中有一封是他向全体工作人员的道歉信（因为有一次，他到场晚了），还有一封是他的自我检讨信，因为他有一次演戏，在台上忘了台词，冷场两分钟。从这些文件里，可以看出这位伟大艺术家的严肃工作态度和自我批评的精神。

有一个珍贵的文献是契诃夫所写剧本的原稿，上面经过斯坦尼斯拉夫斯基亲笔删节的。据说当时曾有过一些争执，老先生说大家要守纪律，他有权处理这件事。

在一个玻璃柜里，陈列着一张斯坦尼斯拉夫斯基剃了胡子的照片，旁边放着一封他向他夫人道歉的信。据说当年俄国男子有必须修饰美髯的风气。他在信里这样说："胡子是属于你的，但是我现在因为要扮演某一个角色，不得不剃去胡子，请你原谅。"从这封信里，也可以看出老先生的风趣。

这时候，博物馆的秘书引进两位主人，是斯坦尼斯拉夫斯基的儿子和女儿。我们彼此叙说了当年的交谊，他们很亲切地邀我们到他父亲生前起坐的书房里。我把我的《舞台生活四十年》送给馆内一本留作纪念，还在一张纸上写了几句追念老先生的话。他们从书柜内取出当年我在莫斯科送给老先生的一本书、脸谱模型和戏装泥人，要我解释给他们听；又特别挑出一个他父亲生前最喜爱的泥人，拿给我们看。

另一间房子里，都是斯坦尼斯拉夫斯基夫人的剧照，她过去也是一个名演员。有一张合家欢聚的照片，上面两个小孩子，就是现在站在我们面前的两位中年人。

我们最后走到客厅，这里有一个小戏台，靠墙放着三把椅子。我说这间房很眼熟，从前我好像到这里来过。斯坦尼斯拉夫斯基的家属拿出一张我和老先生在这间房里合照的照片，下面有老先生亲笔记载的年月日，是 1935 年 3 月 30 日。我坐在一张高背椅子上，老先生坐在右手的椅子上。他们把这张珍贵的照片，很郑重地赠送给我，我请他们两位签了字，留作纪念。博物馆的秘书又拿出一张照片，是这间房子的全景，华丽精致，与现在的不同。据说老先生住进来以后，曾说："这样一间华丽的客厅对我没有什么用处。"他就把它改成小型的剧场。演出的时候，他还亲自拉幕、照料场子。这所房子，有一百年以上的历史，是苏联政府赠给斯坦尼斯拉夫斯基的。

我这次到莫斯科的第一天，名导演柯米萨尔热夫斯基告诉我说，斯坦尼斯拉夫斯基在导演最后一个戏的时候，还对演员和学生们提起我的名字。我听到了这几句话，既惭愧，又感到莫大的鼓舞。去年秋间，我曾重读斯坦尼斯拉夫斯基的名著《我的艺术生活》和《演员自我修养》，对他的"体系"有了进一步的了解，今后我要更深入地向这位伟大的艺术家学习。

梅兰芳年谱

1894 年　出生

10 月 22 日，生于在北京正阳门外李铁拐斜街。

祖父梅巧玲，著名京剧演员，"同光十三绝"之一，祖母陈氏是京剧小生陈金爵之女；父亲梅竹芬，京剧旦角演员，母亲杨长玉是京剧武生演员杨隆寿之女；伯父梅雨田为京剧琴师。

1897 年　3 岁

父亲梅竹芬病故。

1899 年　5 岁

进入私塾学习。

1900 年　6 岁

因为经济原因出售老屋，租房居住。

家庭遭遇八国联军士兵骚扰。

1901 年　7 岁
开始跟随朱小霞学戏。

1902 年　8 岁
跟随吴菱仙学戏。

1904 年　10 岁
8 月，在北京"广和楼"第一次上台演出。

1907 年　13 岁
正式开始班唱戏。

1908 年　14 岁
8 月，母亲病逝。

1910 年　16 岁
与著名武生王毓楼妹妹王明华结婚。

1911 年　17 岁
开始在京剧舞台上崭露头角，成为一名重要演员。

1912 年　18 岁

6 月，剪去辫子。

8 月，伯父梅雨田病逝。

冬天，第一次与谭鑫培共同演出。

1913 年　19 岁

在上海第一次唱大轴戏。

1914 年　20 岁

开始更为系统地学习昆曲。

7 月，首次演出时装新戏。

1915 年　21 岁

10 月，首次演出古装新戏《嫦娥奔月》。

开始学习绘画。

1916 年　22 岁

上演古装新戏《黛玉葬花》，随后更排演多出新戏。

1917 年　23 岁

首次在新型戏院第一舞台演出。

1918 年　24 岁

被推为"剧界大王"。

1919 年　25 岁

4 月，首次出国赴日本演出，大受欢迎。

1920 年　26 岁

5 月，将《春香闹学》拍成电影。

开始和齐白石学画。

1921 年　27 岁

与福芝芳结婚。

1922 年　28 岁

组织承华舍，后改为梅兰芳剧团。

赴香港演出。

1923 年　29 岁

9 月，为日本关东大地震义演。

1924 年　30 岁

5 月，泰戈尔访华，两位艺术家晤谈甚欢。

10 月，再次访日演出。

1925 年　31 岁

编演新戏《太真外传》。

1926 年　32 岁

在家接待瑞典王储等多国外宾。

1927 年　33 岁

被评为四大名旦之首。

1928 年　34 岁

第二次赴香港演出。

1929 年　35 岁

日常演出之外，准备将筹备多年的访美计划付诸实现。

1930 年　36 岁

1 月开始访美演出，大获成功。

1931 年　37 岁

第三次赴香港演出。

1932 年　38 岁

从北京迁居上海，编演《抗金兵》，拒绝赴东北演出。

1933 年　39 岁

《抗金兵》演出引起观众强烈反响。

1934 年　40 岁

在开封为黄河水患灾民义演十天。

1935 年　41 岁

去苏联访问，与布莱希特、爱森斯坦、斯坦尼拉夫斯基等多位艺术家交流。

结束对苏联的访问后赴欧洲考察。

1936 年　42 岁

在上海接待卓别林，老友重逢。

不顾日方反对，坚持演出《生死恨》。

1937 年　43 岁

七七事变后在上海闭门谢客。

1938 年　44 岁

赴香港演出后留在香港居住。

1939 年　45 岁

在香港只以绘画和看电影自娱。

1940 年　46 岁

在香港坚持锻炼身体，深夜无人时复习唱腔。

1941 年　47 岁

将两个孩子接到自己身边，在香港上学。

1942 年　48 岁

从香港回到上海，拒绝日伪汉奸的纠缠，坚持不演出，不惜打伤寒预防针伤害身体。

1943 年　49 岁

变卖房产古玩度日。

1944 年　50 岁

为筹备画展努力作画，经常画到后半夜。

1945 年　51 岁

与叶恭绰合办画展。

10 月，日本投降后，在上海重登舞台。

1946 年　52 岁

在上海重新组班演出。

1947 年　53 岁

与导演费穆合作，准备拍摄《生死恨》。

1948 年　54 岁

完成《生死恨》的拍摄。

1949 年　55 岁

接受夏衍的动员，留在上海迎接新中国。

6 月，北上参加全国第一次文学艺术工作者代表大会。

9 月，出席中国人民政治协商会议。

1950 年　56 岁

5 月，为解放军作慰问演出。

11 月，参加全国戏曲工作会议。

1951 年　57 岁

4 月，被任命为中国戏曲研究院院长。

为抗美援朝义演。

1952 年　58 岁

7 月，在北京劳动人民文化宫为工人演出，这也是梅兰芳第一次在广场演出。

12 月，出席在奥地利维也纳召开的世界人民和平大会。

1953 年　59 岁

10 月，参加中国人民赴朝慰问团，到朝鲜慰问演出。

1954 年　60 岁

参加全国人民慰问中国人民解放军代表团，到广州慰问广大指战员。

1955 年　61 岁

被任命为中国京剧院院长。

中央文化部等联合为梅兰芳、周信芳举行舞台生活五十年纪念活动。

1956 年　62 岁

率领代表团赴日本演出。

1957 年　63 岁

提出入党申请。

赴苏联参加十月革命四十周年纪念活动。

1958 年　64 岁

赴北京门头沟为矿工们演出。

为十三陵水库劳动模范演出。

赴福建为前线部队指战员演出。

1959 年　65 岁

加入中国共产党。

为庆祝建国十周年排演《穆桂英挂帅》。

1960 年　66 岁

拍摄完成彩色电影《游园惊梦》。

1961 年　67 岁

7 月，因病住院治疗。

8 月 8 日病逝。